LE CHOC DES GÉNÉRATIONS

Carol Allain

LE CHOC des générations

Du je triomphant au nous rassembleur

9e édition refondue et mise à jour

ÉDITIONS CHÂTEAU D'ENCRE

Catalogage avant publication de Bibliothèque et Archives nationales du Québec et Bibliothèque et Archives Canada

Allain, Carol, 1961-

Le choc des générations : Du je triomphant au nous rassembleur

9e édition.

Comprend des références bibliographiques.

ISBN 978-2-924847-00-8

1. Génération Internet. 2. Jeunes adultes. 3. Relations entre générations. 4. Parents et enfants adultes. I. Titre.

HQ799.5.A44 2017 305.242 C2017-941741-X

Édition : Lison Lescarbeau
Révision : Élyse-Andrée Héroux
Correction d'épreuves : Dominique Stengelin
Conception graphique : Anne-Laure Jean
Photo de l'auteur : Mathieu Deshayes

Dépôt légal – 3e trimestre 2017

Les Éditions Château d'encre inc.
2019, rue Moreau, bureau 504
Montréal (Québec) H2M 2M1
chateaudencre.com

Du même auteur

Génération Z, Les rois de l'hyperconnexion, 2e édition, Les Productions Carol Allain, 2015

L'estime de soi. Comment composer avec le regard de l'autre porté sur soi, Les Productions Carol Allain, 2012

Génération Y (1re, 2e édition), Les Éditions Logiques, 2005, 2008

Être soi dans un monde difficile, Les Éditions de l'Homme, 2005

Enfant-roi : tout, tout de suite (réédition), Les Éditions Logiques, 2004

Changez d'attitude (réédition), Les Éditions Logiques, 2003

INTRODUCTION

C'est dans ce que les hommes ont de plus commun
qu'ils se différencient le plus.

Blaise Cendrars

L'histoire de cet essai suit de près l'évolution de ma pensée et de mon expérience en tant que conférencier et formateur au cours des 30 dernières années. Le titre *Génération Y – L'enfant-roi devenu adulte* a inspiré ce livre. C'était l'époque où l'enfant-roi, devenu grand, débarquait sur le marché du travail, bouleversant les structures hiérarchiques en place, au grand désarroi des employeurs. Par la suite, en 2008, une seconde édition intitulée *Génération Y – Qui sont-ils, comment les aborder?* a vu le jour afin d'aider à mieux comprendre l'incidence des valeurs propres aux Y (revendications incessantes et loyauté vacillante) et leurs conséquences sur l'ensemble des organisations (la valeur du temps libre, l'obtention de gratifications immédiates, le désir d'être traité d'égal à égal), leurs liens étroits avec la technologie des communications ainsi que leurs perceptions des rapports familiaux.

Avec l'arrivée de la génération Z née au tournant du millénaire, j'ai réactualisé le contenu de cet ouvrage et je lui ai donné un titre plus en conformité avec ma vision de la diversité intergénérationnelle. Paru en 2010, *Le choc des générations – Cohabiter, une responsabilité partagée* m'a donné l'occasion de revoir l'ensemble des caractéristiques et des courants idéologiques intergénérationnels, de faire une mise à jour de plusieurs passages et d'ajouter un chapitre établissant un pont entre les Z et les générations précédentes. Le sous-titre de cette édition renvoyait à l'une de mes préoccupations essentielles : Y a-t-il un espoir de créer de nouvelles alliances, de renouer avec des valeurs qui autorisent la continuité, la durée, l'engagement et la patience ? Peut-on y croire ?

Au cœur d'un monde où l'actualité défile à la vitesse grand V, la refonte complète de cet essai, désormais intitulé *Le choc des générations – Du je triomphant au nous rassembleur,* m'est apparue essentielle afin d'en conserver l'intérêt et la pertinence. Je voulais aussi dénoncer certaines dérives que vivent les générations qui évoluent dans un univers complexe, changeant et disruptif, c'est-à-dire qui brise les structures mentales existantes pour les réorganiser différemment. Enfin, alors que la génération Y occupait une position centrale dans les éditions précédentes, j'ai préféré, pour cette nouvelle édition, la situer parmi les autres générations afin de mettre en relief les spécificités de chacune, les liens qui les unissent, mais également les aspects qui les divisent, à l'origine du choc générationnel.

Il m'apparaît de plus en plus urgent de prendre conscience que nous ne pouvons plus attendre ni espérer, mais que nous devons agir ensemble dans nos différences et nos certitudes afin de chercher à nous lier davantage les uns aux autres. Pour comprendre le choc des générations, il faut en connaître les acteurs et comprendre leurs motivations. Il ne s'agit pas de séparer et d'opposer les générations, mais plutôt de les rapprocher et de les envisager dans leur complexité, d'effectuer un passage du je au nous. Aucune génération n'est garante à elle seule de la solution. Toutes doivent être mises à contribution. Chaque chapitre de cet ouvrage somme le lecteur de réfléchir, et de ne porter aucun jugement afin de ne pas entraver une réflexion féconde, porteuse de changements.

Aujourd'hui, la mobilité nous est imposée. La nouvelle modernité dans laquelle nous sommes entrés est marquée par un parti pris de vitesse et d'immédiateté sans précédent. Nous voulons tout, tout de suite, nous n'en finissons plus de nous hâter, tête baissée, téléphone intelligent à la main ! Nous nous trompons si nous imaginons que la « vertu » consiste à suivre un idéal (celui d'hier, l'autorité, le devoir, le sacrifice; celui d'aujourd'hui, l'accessibilité, la facilité, la permissivité) imposé du dehors, sans oser le remettre en question. Au contraire, il faut revendiquer la liberté de penser le monde autrement.

Tout au long de cet essai, il sera question de considérer l'autre comme un relais pour ajouter des connaissances nouvelles ou des visions complémentaires. Une action concertée et une considération élargie des possibilités représentent des défis auxquels les générations sont désormais conviées.

Les temps changent, nombre de choses que nous connaissions disparaissent. Au lieu de s'en inquiéter, pourquoi ne pas voir les avantages qu'on peut tirer de ces bouleversements ? Oui, les nouvelles générations, celles d'Internet et des réseaux sociaux, sont maintenant très actives, elles occupent une place centrale sur le marché du travail et revendiquent et font savoir. Mais, plus que jamais, c'est la cohabitation intergénérationnelle qui nous interpelle, car elle oblige les organisations à revoir leurs mécanismes de savoirs et de compétences. Par ses demandes et ses attentes, chaque génération suggère une remise en question de l'ensemble du processus de reconnaissance et de la fonctionnalité du travail.

Au fil des chapitres de cet ouvrage, vous verrez que de grandes améliorations sont à prévoir en ce qui a trait à la conciliation travail-famille, aux horaires de travail, à l'accroissement d'une qualité de vie au travail et à la maison, à la place de l'enfant et de la réussite dans notre société.

Mon pari est de proposer des pistes de réflexion, destinées tant aux parents qu'aux employeurs d'organisations publiques et privées et d'entreprises, afin de comprendre ce qui se cache derrière les pensées et les intentions des générations et de cerner la dynamique qu'elles entretiennent entre elles. Il s'agit en somme de poser un regard à la fois objectif et subjectif sur la cohabitation intergénérationnelle, au-delà de leurs différences, tout en donnant au lecteur des explications qui l'accompagneront dans sa façon d'aborder chacune des générations, et aussi de saisir l'idée bien connue selon laquelle l'enfant, l'adolescent et l'adulte depuis les années 1980 fondent leurs valeurs sur l'éternelle jeunesse, l'amour de soi et la séduction.

Dans la première partie de cet essai, il sera question de définir chaque génération. La génération silencieuse a donné le ton au sujet des alliances, du respect de l'autorité, du sacré et des rituels, alors que la modernité signifie la victoire de la mode sur la coutume. Inutile d'ajouter l'incidence des apparences, de l'ego, du « moi d'abord » et du confort sur les générations qui ont suivi, des baby-boomers aux Z, en passant par les X et les Y. On ose s'afficher presque exclusivement par le truchement des technologies. Pour ces générations issues de l'œil (portable, téléphone intelligent, Internet), par opposition à celles issues de l'oreille (silence, écoute, secret), l'appauvrissement des relations humaines s'inscrit au quotidien ; la solitude n'a jamais été aussi grande. Il faut oser le face-à-face avec l'autre.

Le fil conducteur intergénérationnel se traduit de plus en plus par les émotions. Aucune génération ne consentira à délaisser ce qu'elle ressent au profit d'un système hiérarchisé ou encore à se sacrifier pour l'autre. Pour avoir banni l'autorité (avec quelques conséquences évidentes) au profit de l'expression de soi, la génération X a amorcé un virage sans précédent. Aujourd'hui, plus rien n'est obligatoire, tout est optionnel. Ce qui compte désormais, c'est le style, le charisme (génération Y) et, pour les Z, la nouvelle génération silencieuse, cette impérieuse nécessité: « Pourvu que l'on se distingue des autres. »

Dans la deuxième partie de cet essai, on explique comment le choc des générations se cristallise autour d'un monde vertical axé sur l'engagement, le devoir, la loyauté et le sacrifice, désormais battu en brèche par les idéaux d'un monde horizontal qui prône la mobilité, l'instantanéité, la coopération et l'absence de structures hiérarchiques. On ressent de plus en plus chez les nouvelles générations une volonté de rompre avec le passé. Le désir d'être unique nous rend égocentrique. C'est une plaie dont il faudrait se débarrasser. À chacun ses petits intérêts et ses petits égoïsmes.

Ce qui est véritablement moderne, c'est que rien de ce qui est antérieur ne convainc tout à fait, et que la décision consistant à remplacer la tradition par la nouveauté trouve sa raison d'être dans l'excitation suscitée par les plaisirs et les divertissements. Le risque de voir des adultes devenir « des adolescents de leur temps » ne cesse de s'accroître. En règle générale, ils le deviennent effectivement à l'instant où la rupture du lien avec le passé qui construit les époques se brise dans leur esprit. Pour reprendre les propos de Patrick Chamoiseau, auteur du livre *La matière de l'absence* (Seuil, 1992) : « Je crois que le désengagement du collectif, les narcissismes et les égoïsmes contemporains sont le fruit d'une individuation, non pas triomphante, mais malade. Lorsque l'individu parvient à un degré de conscience de lui-même suffisamment élevé, alors, il réalise la nécessité du lien. »

Le ton est lancé dans la troisième partie intitulée « Les générations sous influences »... Qu'en est-il de l'amour et de sa quête infinie qui continuent d'alimenter les générations ? La famille qui ne cesse de s'interroger, de s'inquiéter, et le travail qui est continuellement remis en question ? Il faut à présent plus d'habileté pour manier l'esprit d'une personne qu'il n'en fallait autrefois pour gouverner un peuple entier. En ce moment, nous vivons les trois révolutions de notre temps : la révolution du « Toujours plus », qui voit croître inexorablement le nombre d'adhérents à l'instantanéité, à l'intensité du moment ; la révolution de la mobilité et du numérique qui voit les hommes, les femmes, les marchandises et les idées circuler toujours plus vite ; et la révolution des mentalités qui voit les attentes se transformer au fur et à mesure que les changements matériels et technologiques se produisent. Les habitudes changeantes des générations sur le plan de la consommation amèneront les entreprises, les associations, les institutions, les organisations à revoir leurs modèles d'affaires... à toujours vouloir plus... Les règlent changent !

Dans la dernière partie de cet ouvrage, un nouveau regard est proposé aux générations à propos de la confiance, de nos peurs, de nos doutes quant aux relations amoureuses, à la famille, à l'école, au travail... Les générations sont donc invitées à discuter, à partager, à créer des liens, des alliances. Les sacrifices individuels propres aux nouvelles générations ne peuvent être consentis qu'au nom d'un intérêt collectif assumé comme supérieur. Il n'y pas de collectif individuel.

Tout nouvel être humain provient de la génération précédente. Tout enfant est modelé par ce qu'aimaient ses parents. Mais il y a un mais... Quelle que soit la génération, les êtres humains n'arrivent pas toujours à partager, à se rassembler, à se solidariser ; ils restent bien souvent confus vis-à-vis de l'autre. La prudence s'impose. Qu'il s'agisse de la famille, de collègues de travail ou d'amis, nous finissons toujours par faire des gestes ou par dire des choses qui blessent, qui fragilisent le rapport à l'autre. L'admettre est déjà un pas dans la bonne direction, l'aborder dans un but de conciliation ou encore de pardon en est un autre.

C'est le propre de l'homme de blâmer le présent, alors qu'il ne vit que pour lui. Étrange paradoxe. Chacun préfère ce que disait son père à une certaine époque. Et, par la même occasion, chacun préfère ce que disait sa mère à l'oreille de sa fille, de son fils: «Sois prudent.» Le passé, on s'en sert de moins en moins pour expliquer, pour corriger, pour nuancer le présent. Le futur, hélas, n'arrive pas à calmer les désirs actuels... Il ne faut rien manquer, tout désir doit être consumé. Le but du moment présent est de donner le vertige. Spinoza avait pour devise: «*Caute*!» (Méfie-toi!). À l'époque de la Rome antique, on disait: «Prends garde!» Aujourd'hui, la génération Z s'adresse à l'adulte sans pudeur: «Sors d'ici, avec ton air de reproche!»

Cet ouvrage s'inscrit dans une volonté de rapprocher les générations, d'accepter nos différences, d'enrichir nos liens, nos solutions communes. Nous ne pouvons pas construire les sociétés d'aujourd'hui et de demain sans l'apport considérable de l'immigration, sans les différences culturelles. Ne rien imposer, mais plutôt dialoguer ensemble, prôner la collaboration. Pour reprendre les propos du réalisateur, cinéaste et écrivain américain Michael Cimino: «On n'est jamais diminué par l'effort. On est seulement diminué quand on n'essaie pas, quand on s'économise.»

Toutes les sociétés du monde ont besoin de soins et de paroles. Au moment où j'écris ces lignes, trop nombreuses sont les sociétés qui souffrent de l'absence de l'une ou de l'autre, ou des deux. Comme le rappelle la philosophe et psychanalyste française Anne Dufourmantelle: «Si l'Homme n'est pas entouré de soins et de paroles, il est en danger de mort.» Malheureusement, dans plusieurs sociétés, les soins sont de moins en moins accessibles ou carrément absents. On remarque qu'avec l'arrivée massive des technologies dans la société occidentale, la parole et le face à face se font rares. Que pouvons-nous en déduire ? Que pouvons-nous espérer ?

Cette édition s'enrichit d'une recherche sur l'itinéraire générationnel. Les générations font d'étranges migrations à travers l'espace des cultures humaines ; leurs trajectoires, leurs revendications se jouent allègrement de nos directives. Elles réconcilient les forces qui ordonnent et les forces qui renouvellent. Le jeu compliqué des attirances, des alliances et des engouements est commencé.

Puisqu'il s'agit d'un livre traitant des générations, donc d'évolution, vous constaterez notamment au fil de la lecture que les tableaux des générations ont tous été revus et actualisés, et que le contenu a été enrichi et réorganisé. Certains chapitres ont déjà été mesurés à l'aune des commentaires du public lors de mes conférences et de la publication des éditions précédentes. Je voudrais dire ici à quel point ces bancs d'essai ont été profitables. Dans tous les cas, j'ai retouché les textes en question après les avoir relus – l'effet de distanciation, entre autres, devenant l'élément moteur d'une réécriture un rien plus objective.

La vie s'accélère, les mots revêtent de nouvelles significations, les manières de faire et d'être changent ; un livre, comme la vie, doit refléter cette évolution. Je vous convie donc à lire cet ouvrage et à trouver les explications, les éclaircissements et les représentations propres à chacune des générations. C'est un cliché de le dire, mais je le crois sincèrement : si un seul lecteur déniche dans cet essai un mot qui amorcera sa propre réflexion ou la facilitera, tout le livre s'en trouvera justifié à mes yeux. Dans le meilleur des cas, le cas rêvé, cet essai fera naître le plaisir de remettre en question ses propres certitudes.

PREMIÈRE PARTIE

UN REGARD SUR LES GÉNÉRATIONS

Celui qui donne un bon conseil construit d'une main. Celui qui conseille et donne l'exemple construit à deux mains. Mais celui qui donne de bonnes leçons et un mauvais exemple construit d'une main et détruit de l'autre.

Francis Bacon

Qu'entend-on par génération ? Il est impossible de rendre compte en quelques lignes ce que signifie le terme *génération*. Comme l'a écrit l'historien Michel Winock, la génération est un « concept dont l'usage est spontané, mais la définition ardue ».

Pour la famille, la génération est le degré de descendance dans la filiation, entre le grand-père et la petite-fille par exemple. Pour le généalogiste, le mot désigne les individus issus d'une même lignée familiale, ce qu'on appelle communément « l'arbre généalogique ». Pour le socio-démographe, une génération est une « cohorte », c'est-à-dire un groupe d'individus nés soit une même année, soit dans un espace-temps spécifique. En politique, une génération évoque un ensemble d'individus environ du même âge qui, sous l'influence de certains événements tels qu'une guerre, une mobilisation collective, une révolution, se composent une identité collective. Au Canada et aux États-Unis, on pense immédiatement à la génération de la crise économique des années 1930 ; en Allemagne, à celle de l'entre-deux-guerres ; en France, à celle de Mai 68.

Plus récemment, l'ensemble des contestations populaires connues dans le monde arabe sous le nom de Printemps arabe portent la colère et le profond désenchantement de la jeune génération envers l'autoritarisme et la corruption des gouvernements. En histoire, la génération se cristallise autour de leaders, de penseurs, de valeurs, de changements sociaux et d'innovations qui ont marqué une époque. C'est la matrice générationnelle, faite d'un enchevêtrement d'événements, qui forme et structure la communauté d'empreintes associées à une génération. Ainsi, les philosophes des Lumières, comme Montesquieu et Voltaire, ont créé en Europe au XVIIIe siècle un mouvement intellectuel prônant la connaissance contre l'obscurantisme, à l'origine de la Révolution française. Plus près de nous, la révolution numérique, avec ses nouveaux outils technologiques, pose son empreinte sur les nouvelles générations.

Les bases théoriques du présent chapitre reposent sur les idées émises par des auteurs depuis le XIXe siècle jusqu'à nos jours (Auguste Comte, 1840 ; Karl Mannheim, 1928 ; William Strauss et Neil Howe, 1991 ; Douglas Coupland, 1991 ; James O. Gollub, 1993 ; Bernard Préel, 1994 ; Louis Chauvel, 1998) et se structurent autour de deux hypothèses.

La première hypothèse à avoir été formulée au XIXe siècle est que la génération est définie par l'histoire. Dans cette optique, la génération représente un instrument de mesure du temps historique ; historiens et philosophes vont s'efforcer de la conceptualiser, de la systématiser, pour avoir une compréhension plus objective et plus rigoureuse de l'histoire. Cet usage de la notion de génération correspond à la naissance de l'histoire critique.

Pour le philosophe Auguste Comte (1798-1857), le progrès de l'histoire se fait dans la continuité des générations. Lorsque les générations sont courtes (espérance de vie courte), ce rythme est accéléré et le changement est plus rapide, tandis que le changement est plus lent lorsque les générations sont plus longues (espérance de vie longue). En conséquence, plus la succession des générations est rapide, plus le progrès est sensible.

Comte nuance toutefois son propos en soulignant qu'une certaine continuité, donc une durée de vie relativement longue, est nécessaire pour asseoir les changements, les stabiliser ; à l'inverse, si la durée de vie est trop courte, cela ne permet pas de réels changements et ne favorise donc pas le progrès de la société.

Le retour, si on peut dire, de la notion de génération a coïncidé avec les premières réflexions sur les mouvements de jeunes qui sont apparus dans les années 1950 et ont conduit à s'interroger sur la formation de ces groupes sur la base de l'âge, et sur leur signification. Préalablement, l'ouvrage du sociologue allemand Karl Mannheim (1893-1947) *Le problème des générations*, publié en 1928, a fortement influencé la réflexion des chercheurs du XXe siècle. Mannheim fut le premier à affirmer que c'est au temps de la jeunesse que se crée une génération, époque de tous les possibles. C'est là la différence par rapport à la période antérieure, où la notion de génération renvoyait à la vie adulte. Depuis les années 1950, la notion de génération est devenue synonyme de jeunesse.

Selon une seconde hypothèse, le rendez-vous décisif avec l'histoire est pris « au temps des amours », comme l'écrit joliment Bernard Préel. C'est à cet âge qu'on est le plus réceptif aux influences du temps et que s'opèrent les choix de vie. On peut reporter sur les deux axes d'une matrice les périodes et les âges du cycle de la vie : enfance et jeunesse, temps de l'apprentissage, nidification et maturité, temps de pouvoir, retraite et vieillesse, temps du déclin. Le temps permet aussi de reconnaître pour chaque génération les événements historiques qui façonnent ses valeurs et ses perspectives, les événements correspondant aux facteurs externes qui influencent son style de vie, les rites de passage qui montrent comment les individus expriment leurs valeurs à diverses étapes de leur vie.

Sur la base de ces deux hypothèses, nous avons donc choisi de définir le concept de « génération » ainsi : un groupe d'individus partageant une histoire et des valeurs communes. La durée d'une génération est, entre autres, fonction du rythme selon lequel s'effectuent les changements (loi de Moore). La génération est utilisée dans un but de classification, dans le cadre d'une étude de la structure sociale. Les générations sont représentées comme des groupes sociaux qui entrent en interaction et structurent la société. Notion d'âge et notion de génération se rapprochent ainsi.

J'ai pris le parti qui me semblait cohérent en tenant compte des diversités sociales, culturelles et économiques en diverses régions de l'Occident, le vécu des générations étant différent au Canada, aux États-Unis, en Europe de l'Ouest, en Europe de l'Est, et plus encore en Afrique et en Asie. Ces façons de vivre débouchent sur autant de représentations du monde. Enfin, les dates délimitant les générations peuvent varier de quelques années à la suite de changements sociaux, différents d'un pays à l'autre.

Grosso modo, six générations se côtoient actuellement : la génération silencieuse ou bâtisseuse (1925-1944) ; la génération des baby-boomers (1945-1963) ; la génération X (1964-1978) ; la génération Y (1979-1994) qui chevauche la génération C (1986-2010) ; la génération Z (1995-2010) ; et, enfin, la génération Alpha (2011-...). Nous présenterons ici un portrait général de chacune de ces générations, puis nous brosserons un tableau de leurs principales caractéristiques en fin de chapitre. À noter qu'il existe un flottement concernant le découpage des générations depuis la Seconde Guerre mondiale.

J'en conviens d'emblée, le prisme générationnel a ses limites, mais la classification des générations est une construction utile en cela qu'elle permet d'appréhender un sujet autrement difficile à saisir. Si vous lisez le portrait général de votre génération tel que je le présente dans cet ouvrage et tentez d'établir des points de comparaison avec vous, il est probable que vous ne vous y identifiiez pas complètement. Le fait d'appartenir à une génération donnée ne détermine pas l'ensemble de nos attitudes, de nos valeurs, de nos comportements en tant qu'individus. Le lieu de naissance, la position sociale, le niveau d'instruction, la culture, la personnalité et le genre rendent uniques chaque individu. Chaque classe d'âge, chaque sexe, chaque groupe social réagit à sa façon aux événements historiques. Ainsi, aucune génération n'est jamais totalement homogène, même si ceux qui la composent présentent des caractéristiques similaires. En se reportant aux caractéristiques décrites dans le tableau 1 des générations à la fin de ce chapitre, chacun pourra établir les points communs et les divergences qu'il présente non seulement avec les membres sa propre génération, mais aussi avec les autres.

C'est un exercice salutaire à tout âge de la vie, qui incite à relativiser son ego. Toutes les générations apportent en effet leur contribution à l'édification de la société tout en s'entrechoquant. C'est l'histoire en marche. Faire *tabula rasa* du passé équivaut à chasser une partie de soi et à se priver de mémoire en avançant à l'aveuglette. Pour les nouvelles générations qui pensent parfois ne rien devoir aux précédentes, cette classification permet d'établir des ponts avec le passé et de mieux comprendre le présent, tout en esquissant des perspectives futures.

1925-1944
LA GÉNÉRATION SILENCIEUSE

Se sacrifier pour l'autre.

La génération silencieuse est en tête de la lignée des générations. Reconnue pour son ardeur au travail, sa loyauté et son sens du devoir, elle a reçu le nom de génération silencieuse à cause de son esprit peu revendicateur.

La génération silencieuse a grandi au milieu des périls (une longue dépression, une guerre mondiale). Puis, une longue période de croissance a suivi lorsqu'elle a atteint l'âge de la maturité, ce qui a exigé d'elle une grande force d'adaptation. C'est une génération «mutante», dans le sens où elle a connu une rupture, ou, tout au moins, un tournant au moment d'assumer ses pleines responsabilités adultes: tout ce qu'elle avait appris et tout ce à quoi elle croyait a alors été contredit par le cours nouveau des choses, imposé par l'avènement de la société de consommation et l'émancipation des mœurs. Ces hommes et ces femmes se rappellent peut-être que, dans leur jeunesse, c'est à long terme qu'on faisait des plans de vie, qu'on nouait des engagements et des solidarités. Aujourd'hui, ils se demandent ce qu'il reste de cette idée du «long terme». Et ils sont bien embarrassés lorsqu'ils doivent l'expliquer à leurs cadets, qui ne partagent ni leurs souvenirs ni leurs valeurs. Comme me le confia un homme de 75 ans lors d'une conférence: «Vous n'imaginez pas à quel point je me sens idiot quand je parle d'engagement à mes petits-enfants. Pour eux, c'est une vertu abstraite; ils ne la voient nulle part.»

Cette génération entre sur le marché du travail durant les Trente Glorieuses (1946-1975) et en sort en pleine révolution Internet. Elle présente les traits d'une génération sandwich, née entre la Grande dépression et avant la révolution sexuelle des années 1960. Elle a en quelque sorte raté son rendez-vous avec l'histoire, c'est-à-dire avec la Seconde Guerre mondiale (à l'exception de ceux qui ont connu la guerre de Corée et la guerre d'Algérie) et la libération sexuelle. Les progrès économiques, médicaux et sociaux lui permettent de bénéficier d'une longue retraite active.

Pour les hommes et les femmes de la génération silencieuse, l'urgence de l'essentiel s'est manifestée dès la naissance. Les enfants de cette génération passaient rapidement de l'enfance à l'âge adulte. On se mariait tôt, après une période de fréquentations qui aboutissait à des fiançailles, dans le but de fonder une famille. Le divorce n'était pas encore une option. On s'attendait à ce que les enfants contribuent aux besoins de la famille. La formation scolaire était sommaire; peu ont d'ailleurs fait des études postsecondaires. En revanche, grâce au boom économique, cette génération a connu la période du plein emploi durant une bonne partie de sa vie active.

Les membres de la génération silencieuse apprécient un système hiérarchique clairement défini. Ils font confiance aux institutions. Ils sont conformistes. Nés avant la société d'hyperconsommation s'appuyant sur le crédit facile, ils n'aiment pas puiser dans leurs économies ni s'endetter. Ils ont tendance à économiser, à ne rien jeter, à conserver tout ce qu'ils achètent au fil d'une vie. Pour les caricaturer, l'homme est un pourvoyeur pour qui c'est à la fois un honneur, une forme de dignité et un devoir que d'assurer tous les jours un repas à sa famille; la femme est la reine du foyer, confinée à un rôle domestique, toujours soucieuse de sa famille, tenaillée par la hantise quotidienne de ne pas savoir, de ne pas bien faire et, surtout, de ne pas avoir suffisamment pour tous. Les enfants sont éduqués dans le respect des parents, et le père agit en toute autorité sur le foyer.

Née avant et pendant la Seconde Guerre mondiale, la génération silencieuse a inauguré le devoir d'agir, le devoir de croire, de tenir la main de l'autre et de ne jamais le quitter, de conserver sa culture, ses croyances, ses pensées, selon le modèle transmis par ses parents. Son leitmotiv: aider l'autre à tout prix, se sacrifier pour l'autre. Rien d'étonnant à ce qu'elle ait été déroutée par l'arrivée du jetable après usage!

Cette génération est marquée par le besoin de créer des liens avec le divin, que ce soit par la prière ou la présence à l'église, ou simplement avec les proches, à travers les réunions familiales du dimanche. La création de liens, voilà qui décrit avec justesse cette génération. À ses yeux, il ne faut pas tout dire, il faut demeurer discret, car l'impression laissée aux autres est fondamentale. On ne peut pas tout faire, il faut seulement agir au jour le jour, sans penser au lendemain, et faire confiance.

À l'heure où les nouvelles technologies sont partie intégrante de nos vies, la génération traditionnelle emboîte timidement le pas aux plus jeunes. Un nombre croissant de ses membres s'initient à Internet et s'ouvrent un compte Facebook pour rester en contact avec la famille; au Québec, plus d'une personne sur 10 sur Facebook a 65 ans et plus; dans ce groupe, la tablette compte deux fois plus d'utilisateurs que le téléphone intelligent. Cela dit, les bénéfices d'un monde connecté facilitant la vie ne constituent pas une réalité pour la plupart des membres de cette génération, qui préfèrent encore la télévision et les médias imprimés comme sources d'information. Selon une étude du Centre facilitant la recherche et l'innovation dans les organisations (CEFRIO) publiée en 2014, plus de 85 % des foyers québécois étaient branchés à Internet. Ce pourcentage chute à 69 % chez les 65-74 ans et à 42 % chez les 75 ans et plus. Par ailleurs, 53 % des Québécois possédaient un téléphone intelligent, dont 75 % des 25-34 ans. Ce pourcentage décroît abruptement chez les 65-74 ans (24 %) et encore davantage chez les 75 ans et plus (13 %). La difficulté d'adaptation aux nouvelles technologies chez la génération silencieuse, liée notamment à la sécurité sur Internet, montre une fracture numérique et surtout un choc générationnel sur lesquels nous reviendrons plus loin.

Cette génération, qui lentement disparaît, emporte avec elle ses valeurs et sa vision du monde. Que peut-elle léguer aux générations futures, si tant est que celles-ci souhaitent recevoir un legs ? On reconnaît que la sagesse est l'un des rares réconforts du grand âge. Mais on ne voit pas que, en la considérant comme une simple consolation, on lui retire tout sens ou toute valeur. La réelle valeur de la sagesse accumulée au cours d'une vie réside dans la capacité d'en faire bénéficier les générations futures. Or, notre société s'attache à une vue instrumentale du monde. L'évolution technologique accroît la connaissance d'une façon telle qu'elle est, par conséquent, difficilement transmissible. La génération silencieuse ne peut rien enseigner à la jeunesse, selon la logique de ce raisonnement, ni même lui imposer des interdits ; elle ne peut que lui fournir les armes affectives et intellectuelles qui lui permettront de faire ses propres choix et de faire face à des situations « non structurées » pour lesquelles on ne dispose d'aucun précédent ou précepte fiable.

La confiance a toujours joué un rôle central dans la vie de la génération silencieuse. Mais celle-ci ne trouve, en réalité, ses véritables possibilités psychologiques et culturelles que dans les jeux infiniment complexes et variés de la socialité primaire, jeux qui sont essentiellement fondés sur la triple « obligation » traditionnelle (qui n'est ni économique ni juridique) de donner, de recevoir et de rendre.

Dans son dernier livre, *Après le déluge* (Payot, 2016), le philosophe allemand Peter Sloterdijk dresse un constat désenchanté : « Le fossé entre les générations est devenu tel que nous errons sans héritage ni descendance. » Révélation ou simple commentaire ? La thèse selon laquelle la transmission est totalement interrompue serait trop simple. En vérité, nous vivons en permanence dans un univers d'imitations déchaînées ; aujourd'hui toutefois, dans tous les cas, on imite plus souvent l'actuel que l'ancien, le classique, ce qui a fait ses preuves. Les représentants de la génération silencieuse invitent les nouvelles générations à ne pas trop s'égarer dans le présent sans tenir compte du passé. Ils précisent : « Ce qui a disparu, ce ne sont pas les valeurs, mais l'héroïsme, dont la perte est sans aucun doute liée au recul du respect et de l'engagement. »

La génération silencieuse en résumé :

- Réputée travailler dur et ne pas être revendicatrice, d'où son nom.
- Donner, recevoir, rendre.
- Être utile à sa communauté.
- Engagements durables et inconditionnels.
- Système hiérarchisé bien défini.
- Refus de l'endettement.
- Se sacrifier pour l'autre.
- Identification aux parents (transmission des us et coutumes).
- Que m'est-il permis de faire ? Obéissance, besoin d'une permission.
- Univers des rituels.
- Insiste sur l'importance du sentiment religieux.
- Instaurer une complicité est essentiel.
- Bien dans ce qui est familier.
- Humilité, patience.
- Se consacre aux choses et aux gens qu'elle aime.
- L'engagement signifie l'autonomie.
- Faire confiance.
- La pensée est vouée au passé.
- La technologie n'est pas naturelle.
- Ressent la fracture numérique.

1945-1963
LA GÉNÉRATION DES BABY-BOOMERS

Le besoin de prolonger la jeunesse jusqu'au cimetière...

Le baby-boom a donné son nom à cette génération qui, née après la fin de la Seconde Guerre mondiale, constitue une cohorte nombreuse et même une véritable déferlante. Non planifiée, elle est mal accueillie à chaque stade de sa vie, bousculant tout sur son passage, il est vrai.

Tout a pourtant bien commencé pour elle, car elle arrive dans un climat de miracle économique permanent : les Trente Glorieuses, période qui s'étend de 1946 à 1975 et qui est marquée par une forte croissance économique et une nette amélioration des conditions de vie en Occident.

Les boomers ont connu en effet l'abondance d'une société en croissance rapide. L'urbanisation, le développement de la banlieue, la croissance du parc automobile et des grands réseaux routiers, les avancées technologiques de toutes sortes sont tous des phénomènes qui exerceront une influence profonde sur cette génération. Si leurs parents ont souffert de privations et fait de nombreux sacrifices, il n'en sera pas de même pour les boomers. Réussir dans la vie, telle est la priorité de cette génération.

Sa jeunesse s'est déroulée sous le signe de la révolte contre l'ordre établi. Celle-ci s'exprime à travers la musique, le rock and roll, un mode de vie hippie prônant le retour à la terre et une opposition farouche à la guerre, dont celle du Vietnam. En France, les jeunes boomers ont donné force et vigueur à Mai 68. Au Québec, nombreux sont ceux qui ont milité pour l'indépendance de la province dans les années 1960 et 1970. L'engagement des boomers dans le syndicalisme a permis de défendre les droits des travailleurs et de bonifier les salaires, alors que le féminisme militant est à l'origine de gains importants en matière d'égalité des sexes. L'ère de la femme au foyer est désormais révolue.

Paradoxalement, au travail, cette génération n'a pas remis en cause l'ordre établi. Elle croit en l'ancienneté et en la hiérarchie. Elle aspire à la permanence et verrouille les places. Son but : acquérir une propriété et économiser pour la retraite, qu'elle espère le plus longue possible. Les femmes de cette génération, plus éduquées que celles de la génération précédente, font leur entrée sur le marché du travail, surtout à compter des années 1980, époque où s'amorce l'économie de services, ce qui aura un impact sans précédent sur les modes de fonctionnement au travail durant les décennies suivantes.

Ses valeurs tranchent avec celles de la génération précédente. Pour cette génération, la liberté trône au sommet des valeurs. Grâce à elle, tout sera permis. Et, de fait, tout est possible. La génération élevée dans l'abondance voulait aussi jouir de la liberté des corps. Dans sa vie privée, elle multiple les partenaires sexuels, mais croit toujours au mariage auquel toutefois elle peut mettre fin par le divorce ; les liens sacrés du mariage imposés par l'Église sont désormais dissolubles. Une épidémie de séparations et de divorces marque cette génération. Avec l'utilisation généralisée de la pilule contraceptive dans les années 1960, elle peut désormais contrôler les naissances et décider de la taille de la famille, qui se réduira significativement dans plusieurs pays d'Occident au cours des décennies suivantes.

Si la liberté est son idéal, la jeunesse est son obsession. Rajeunir le vécu, tel a été le mot d'ordre de cette génération. Jeunesse du corps d'abord, jeunesse de l'esprit ensuite. Ne pas vieillir, ne pas se flétrir est devenu la quête centrale de cette génération qui a été la première à se ruer vers les centres d'entraînement, à faire du *fitness* avec Jane Fonda dans les années 1980, à s'alimenter bio et à recourir à la chirurgie esthétique et aux produits rajeunissants. Pour rester jeune, elle multiple les formations de toutes sortes, question de demeurer à la page et de ne pas laisser son esprit se scléroser.

Or, ce qui semblait un monde idéal s'est peu à peu effrité. La société du progrès née après la guerre a ainsi renouvelé, décennie après décennie, le réservoir de ses promesses qui paraissait inépuisable. Philosophes, industriels, politiques et publicitaires s'employaient sans cesse à l'alimenter. Erreurs de jugement, naïveté et masques. En somme, cette génération de l'après-guerre nous donne l'occasion d'une réflexion édifiante sur l'univers des apparences.

Après avoir fait l'apprentissage de la vie au cours d'une phase « progressive », la génération des boomers accède aux responsabilités de la vie adulte durant une période « dépressive » critique. Il est difficile de gérer quand on a été programmé pour l'aisance. Elle réussit à détourner les effets des crises économiques des années 1980-1990 sur les aînés – les « vieux », qu'elle chasse du travail en les mettant à la retraite anticipée – et sur les cadets, qu'elle laisse lanterner dans des formations bidon et des emplois subalternes sans perspective d'avancement.

La génération de la Crise (1956-1963) constitue le dernier wagon du baby-boom. Elle subit au début de l'âge adulte la rupture du « descendeur social », du progrès à rebours, phénomène qui ne s'était pas produit depuis longtemps. L'économie cesse de créer des emplois et, fait nouveau, les fruits de la croissance sont distribués autrement : ils bénéficient davantage aux détenteurs de capitaux et, sur le marché du travail, aux gens qualifiés et à ceux qui ont atteint l'âge mûr. À la précarisation de l'emploi correspond également une précarisation de la famille. Là encore, c'est une génération de rupture.

La génération des baby-boomers a réussi à s'établir elle-même au-dessus des autres, à se constituer pour ainsi dire en une « race de seigneurs », mais qui occupe des places sans pouvoir en assumer les responsabilités. Elle veut les positions, les fonctions, les titres, la grandeur, mais elle n'en exerce pas les responsabilités et, caractéristique frappante, passe son temps à feindre de ne pas être là. On pourrait la définir par un mot : *participant*. Ce dernier fait semblant d'être là, d'être un ministre ou un directeur d'une administration centrale ou un employé, cela sans exercer aucunement les responsabilités. car elles sont contraignantes, et un jour, on pourrait être jugé sur l'exercice de celles-ci. Cette génération ne supporte pas d'honorer ses obligations, plus précisément d'adhérer à une action collective. Elle est habitée par un paternalisme étouffant et laisse aux autres le soin de la guider. La servitude continue de la hanter.

Les baby-boomers hédonistes se sont lourdement engagés dans cette dérive. À partir du milieu des années 1980, ils ont réveillé le culte du beau (sans qu'on le retrouve toutefois dans la vie quotidienne) et de l'argent facile. L'extravagante dérive des salaires au sommet des entreprises est un phénomène économiquement marginal, mais socialement central : il traduit ouvertement la césure survenue entre le travail et le capital, et souligne la naissance d'une nouvelle caste de privilégiés en rupture avec l'éthique de gestion qu'ils prônent pourtant dans leurs entreprises. Comme le souligne

Riccardo Petrella, politologue et économiste italien, « une société dont les membres rêvent surtout de devenir riches est incapable de penser à l'intérêt général ».

Le phénomène du cocooning, et la forteresse qu'il est devenu semblait inévitable : l'adhésion à la matérialité montre la faiblesse de nos défenses. Se construire autour d'un *bunker* bien personnel n'incite malheureusement que bien peu d'hommes et de femmes à se mettre en mouvement, à tenter de nouvelles expériences, de nouveaux défis, à se mettre en danger.

Les plus âgés des baby-boomers sont nés dans l'euphorie de l'après-guerre. Ils ont grandi en se concentrant sur leur nombril et ils n'ont pas développé l'esprit de sacrifice et d'entraide qui avait aidé la génération silencieuse à traverser les crises.

Après le tumulte politique des années 1960, les baby-boomers revendicateurs et révoltés se sont repliés vers des préoccupations purement personnelles. N'ayant plus l'espoir d'améliorer leur vie de manière significative, ils se sont convaincus que ce qui comptait, c'était améliorer leur psychisme : sentir et vivre pleinement leurs émotions, se nourrir convenablement, prendre des leçons de golf ou de danse sociale, s'immerger dans la sagesse de l'Orient, faire de la marche rapide ou de la course à pied, apprendre à établir des rapports authentiques avec autrui, surmonter la « peur du plaisir ». Sans danger, ces activités, promues au rang de plans d'action et enrubannées dans la rhétorique de l'« authenticité » et de la « prise de conscience », traduisent un éloignement de la politique et une répudiation du passé récent.

Chacun peut constater le résultat de ces dérives. Les sociétés occidentales dépriment. Non seulement elles ne savent plus espérer, mais elles ne savent plus désirer. La perte du sens de l'effort est le principal symptôme de la dépression chez tous ceux qui souffrent de cette affection. Il en est de même, à l'échelle de toute une collectivité, pour une société qui désespère.

Comment en sommes-nous arrivés là ? La génération née entre les deux guerres mondiales, celle de mes parents, a voulu pour ses enfants une nation prospère et en paix. La génération de l'après-guerre a voulu une société libérée de ses pesanteurs et de ses injustices. Les sociétés occidentales ne sont plus aujourd'hui qu'un conglomérat de groupes et de communautés aux intérêts trop souvent divergents. Le repli sur soi et le culte de l'individualisme ont très largement contribué à l'essoufflement de toute ambition collective.

Tout changement est devenu a priori suspect. Or, toute société incapable de se réformer est une société qui, d'une certaine façon, refuse de s'engager. Cette peur de s'engager porte en elle le risque de l'immobilisme. Les repères sont devenus flous, quand ils n'ont pas disparu. Alors que la névrose était la maladie de l'excès de l'autorité, nous assistons au contraire, depuis le milieu des années 1990, aux effets nuisibles de la carence d'autorité. Ce ne sont plus les pères qui servent de repères, mais les pairs : bande, quartier, clan, secte, communauté ethnique, sexuelle ou religieuse. Tous ceux qui détiennent une parcelle de pouvoir – hommes politiques, journalistes, syndicalistes, chefs d'entreprise – sont frappés de soupçon. La méfiance à l'égard des élites, que l'arrivée au pouvoir de certains dirigeants comme Donald Trump cristallise, se traduit par une panne générale de la transmission des savoirs, à moins qu'elle n'en soit le reflet. Le concept même de savoir est devenu flou et incertain. Rien d'étonnant : les thèses relativistes sont omniprésentes, à la télévision et sur les réseaux sociaux bien sûr, mais aussi dans les milieux étudiants.

Les valeurs d'hier – rigueur, autorité, engagement, bienveillance, loyauté – se sont effacées au point de ne plus avoir aucune influence sur les nouvelles générations. La transparence l'a emporté sur la cohérence, la facilité sur la discipline, le dialogue sur l'écoute. Même les règles de grammaire, sous prétexte qu'elles étaient bien trop normatives, sont devenues suspectes : l'école ne devrait plus être un lieu d'inculcation de la règle commune, mais de révélation de la performance personnelle. La multiplication des filières, des opinions et des formations a créé un maquis inextricable qui fait de l'orientation professionnelle un véritable parcours du combattant. Il est temps de revaloriser le désir d'apprendre et de redonner du sens au savoir. Cela implique d'oser trier, hiérarchiser, ordonner ce qui est important et ce qui ne l'est pas, ce qui est nécessaire et ce qui ne l'est pas, ce qui est utile et à qui.

Les plus âgés des baby-boomers ont maintenant franchi le cap des 70 ans. Preuve encore de son importance et de son influence, cette génération continue de façonner la société à son image. Dans plusieurs pays occidentaux, elle détient un pouvoir d'achat qui lui permet de parcourir le monde. Croisières, safaris et séjours tout inclus lui sont spécifiquement destinés. Active, elle suit toujours des formations afin de demeurer dans le coup, et navigue allègrement sur Internet. Elle s'adapte aux nouvelles technologies tout en restant prudente en ligne et sur les médias sociaux. Les services et les loisirs s'adaptent à ses besoins dans les villes et les villages. Les résidences pour aînés se multiplient et tentent de la séduire en offrant des lieux toujours plus attrayants et confortables. Mais elle se rebiffe et continue d'investir temps et argent dans sa propriété : cuisine, rénovation et jardinage figurent parmi ses passe-temps préférés. Elle reçoit aussi beaucoup ses amis et surtout sa famille à qui elle commence à transférer une partie de son patrimoine, contribuant ainsi à l'autonomie financière des générations montantes.

Si ce transfert de richesse a un côté positif, l'arrivée massive de cette génération à la retraite laisse toutefois présager des lendemains difficiles pour les autres générations, qui ne bénéficieront probablement pas de la même qualité de vie. L'État veille toujours à redistribuer la richesse, mais pour combien de temps ? Des pays comme les États-Unis font passer graduellement l'âge de la retraite de 65 à 67 ans. Le nouveau gouvernement libéral de Justin Trudeau a cependant rétabli l'âge de la retraite à 65 ans au Canada. Au Québec, le taux de cotisation au Régime des rentes sera ajusté à partir de 2018. Le vieillissement de la population et le poids économique qu'il représente posent avec acuité le problème de la solidarité entre les générations, à l'origine du choc générationnel.

Dans tout le monde occidental, la question se pose : Avons-nous suffisamment de jeunes aujourd'hui pour remplacer les baby-boomers qui ont déjà amorcé leur départ à la retraite ? La solution relève en partie de l'immigration, mais aussi des jeunes. L'ensemble de leurs connaissances ne pourra satisfaire le milieu du travail qu'à la condition qu'on y ajoute des formations supplémentaires afin de s'adapter à la réalité changeante de l'économie des marchés. Est-ce que les politiques actuelles auront évolué de manière à ne pas pénaliser les différents groupes culturels ? L'enjeu est d'abord de s'assurer d'une meilleure égalité, à la fois des salaires et des conditions de vie, et de créer des ponts afin de garantir une meilleure intégration des communautés.

La génération des baby-boomers en résumé :

- Entrée sur le marché du travail avec des possibilités d'emploi exceptionnelles.
- Déchirée entre les valeurs parentales et la satisfaction du « moi » (valorisée par les générations X, Y, Z).
- Conservatrice, prudente et conformiste.
- Une jeunesse contestataire.
- Sécurité, épargne et propriété.
- Rajeunir le vécu (peur de vieillir et de mourir).
- Laisse aux autres le soin de la guider.
- Adhésion à la matérialité.
- Désir de réussir dans la vie.
- Croyance en l'ancienneté et en la hiérarchie.
- Permanence, convention, affiliation.
- Obsession de la préparation à la vieillesse (REER, retraite, santé).
- Rejet du sacré.
- Épidémie de séparations.
- Le corps remplace les bonnes mœurs et la religion.
- Contribue à l'autonomie des générations montantes.
- Ouvre la voie au monde de l'éducation.
- Prône le contrôle des naissances.
- Adopte les nouvelles technologies avec prudence.
- Veut jouir des vieilles choses et des nouvelles choses !

1964-1978
LA GÉNÉRATION X

Habitée par des promesses...

Inscrite à la charnière d'un changement de monde et d'un changement de siècle, la génération X, communément appelée les Nexus, a connu une situation dramatique et a désespérément tenté de s'en sortir, tout en faisant preuve d'une étrange lucidité sur la mutation en cours.

Lorsqu'elle naît, le monde est en transformation. L'époque des Trente Glorieuses s'achève et l'économie s'essouffle. La régulation des naissances par la pilule contraceptive provoque une chute sans précédent du taux de natalité, dont on ressent encore les effets aujourd'hui. D'ailleurs, à l'origine, cette génération portait le nom de « Baby Bust » en raison du faible taux de natalité, en comparaison avec la période du baby-boom.

Le terme a d'abord été utilisé dans la culture populaire à la fin des années 1970 par le groupe punk rock britannique Generation X. Il a ensuite été popularisé par le roman de Douglas Coupland, *Generation X: Tales for an Accelerated Culture* (St. Martin's Press, 1991), qui dépeint l'angoisse de trois jeunes dans la vingtaine, sous-employés et en proie au désenchantement et au cynisme, notamment face à la génération précédente. Coupland utilise le X pour traduire l'anonymat d'une génération consciente de son éclatement et dont les émotions sont obscurcies par les boomers. Coupland s'était inspiré du X du livre *Class* de Paul Fussell (Summit Books, 1983), qui l'utilisait comme catégorie, désignant une classe de la hiérarchie de la société américaine. Coupland explique que « dans son chapitre final, Fussell nomme une catégorie de gens X qui veulent sortir de la roue statut-argent-ascension sociale qui caractérise l'existence moderne».

Dans le livre *Generations* (1991), William Strauss et Neil Howe nomment cette génération la « 13e génération » parce que c'est la treizième à vivre sous le drapeau américain. Selon eux, les représentants de cette génération nés entre 1961 et 1981 sont influencés, dans le contexte américain, par :

- une désaffection pour le gouvernement qui se cristallise dans un manque de confiance envers le leadership des élus et les institutions ;
- l'augmentation du nombre de divorces ;
- l'accroissement du nombre de femmes sur le marché du travail ;
- la décroissance de la population ;
- la disponibilité de la pilule contraceptive ;
- les débuts du Web ;
- la fin de la guerre froide.

Pour Strauss et Howe, les X sont une génération de « nomades » sans attaches, privilégiant l'aventure, cyniques face aux institutions.

En Occident, cette génération est amenée à se protéger contre le sida, le chômage et le conformisme – avec le chômage de masse, apparaît du reste la compassion pour les exclus –, dans ce qu'on pourrait qualifier d'« épidémie de précautions ». Majoritairement bachelière, elle voit pourtant son niveau de vie décroître par rapport à celui des baby-boomers.

La génération X entre sur le marché du travail à la fin des années 1980, dans un monde chahuté par une grave récession économique qui persistera durant toute la décennie suivante. Rien d'étonnant, donc, si elle prolonge sa jeunesse en poursuivant de longues études et en restant chez ses parents. Une sorte de compromis historique a ainsi été passé avec la génération précédente. Cette génération, qui compte près d'un million d'individus au Québec, ne commence vraiment à se tailler une place au soleil qu'avec la reprise économique et le départ à la retraite des premiers baby-boomers, vers la fin de la décennie 1990. Entretemps, elle vit de petits boulots et d'expédients, victime du taux de chômage élevé et du sous-emploi chronique. Dur pour l'estime de soi de toute une génération habitée par la promesse d'un monde meilleur où toutes les ambitions étaient permises. Désenchantement aussi.

La génération X compte le plus grand nombre de diplômés universitaires de l'histoire au Québec et n'arrive pas, à sa sortie de l'université, à se tailler une place. Lorsqu'elle parvient à dénicher un emploi, l'employeur, victime lui aussi de la récession, lui impose des conditions de travail peu intéressantes et peu valorisantes : salaires de misère, emploi à temps partiel, contrats à durée déterminée seront le lot de beaucoup de X. Les formes nouvelles de précarité générationnelle lui sont spécifiques, en particulier dans les pays du sud de l'Europe, comme l'analyse le sociologue Louis Chauvel dans son livre *Le destin des générations* (PUF, 2010).

Finalement, cette traversée du désert a conféré à la génération X plus d'autonomie qu'à la précédente et un esprit critique très aiguisé. Rebelle, elle n'accepte pas le statu quo et n'hésite pas à revendiquer de meilleures conditions de travail. Et elle les obtient : programme de garderie, horaire flexible, année sabbatique, formation sur mesure. L'influence des femmes de cette génération, qui entrent massivement sur le marché du travail, n'est pas étrangère à cette situation. Pour elles, il faut concilier l'inconciliable, la vie privée et la vie professionnelle. Contrairement aux boomers, le travail n'est pas tout pour la génération X, et elle veut pouvoir s'épanouir dans sa vie personnelle. Réussir *sa* vie lui importe par-dessus tout. Avec elle, c'est la fin de la «job à vie» chère aux boomers, de la loyauté à l'entreprise qui n'a pas hésité à la sacrifier à plusieurs reprises au profit des actionnaires. L'ancienneté n'est plus une source de promotion crédible pour cette génération, qui veut des responsabilités et non pas de simples tâches à effectuer. Avec la disparition de la permanence de l'emploi, la génération X possède une forte propension à l'entrepreneuriat (elle est responsable de 70 % de l'ouverture des nouvelles entreprises créées aux États-Unis) ou évolue en agent libre. Cette génération, qui n'a pas les mêmes références culturelles que les baby-boomers, est une génération sacrifiée, qui préfère être marginale plutôt que de devenir un simple numéro dans une entreprise.

Dans la vie privée, les choses changent aussi. Les X ont popularisé les couples à deux pourvoyeurs. Les naissances sont planifiées et retardées parfois, afin de faciliter la conciliation famille-travail qui devient l'une de ses préoccupations majeures. Les garderies et les services de garde avant et après l'école prolifèrent et font désormais partie de la vie courante. Avec la chute marquée des naissances, les enfants occupent une place centrale dans la vie des X, dans un monde marqué de plus en plus par la monoparentalité, car le divorce augmente chez les X et survient plus tôt que chez les boomers dans la vie des couples.

La proportion de familles éclatées continue d'augmenter, selon une nouvelle étude du ministère de la Famille (ACFAS, mai 2017). Les enfants nés à la fin des années 1990 avaient 25 % de risque de connaître une séparation ou un divorce de leurs parents avant l'âge de 5 ans et demi. «En Amérique du Nord, le Québec est considéré comme un peu original sur le plan de la transformation de la famille, explique Philippe Pacaut, démographe au ministère de la Famille. En ce qui concerne les séparations, les familles recomposées et les unions libres, on ne ressemble peut-être qu'à la Scandinavie. La tendance ralentit, mais ne fait pas mine d'arrêter. Il y a des séparations et des familles recomposées de plus en plus tôt et de plus en plus fréquemment. »

Pour les X, cohabitation, couple de même sexe, colocation et famille monoparentale constituent autant de façons de vivre auxquelles ils adhèrent. Les X ont réinventé la famille. Ils ont grandi à une époque où les enfants n'étaient plus à la mode. Ainsi, les amis sont devenus leur vraie famille.

En cela, la génération X rompt avec la tradition et cette rupture est encore plus profonde qu'il n'y paraît. Car c'est sous cette génération qu'apparaît l'ordinateur, une invention aussi importante que le fut l'imprimerie au xve siècle. Ces deux inventions ont bouleversé les esprits et participé à la démocratisation des connaissances : l'une a matérialisé le savoir, l'autre l'a dématérialisé. La génération X est la première à avoir intégré l'ordinateur dans sa vie, au travail, à l'école et à la maison. À l'université, elle utilise l'ordinateur personnel pour rédiger ses travaux. Parvenue sur le marché du travail, c'est tout naturellement qu'elle accueille l'ordinateur portable, Internet et le courrier électronique dans son quotidien. Une véritable révolution qui accentue la rapidité des communications et simplifie l'exécution du travail.

À la maison, la génération X clavarde, fait des recherches et s'inscrit aux premiers réseaux de rencontre en ligne. La mondialisation des échanges commence avec elle. Plus tard, elle adopte le numérique, tout en affichant ses préférences. Les X apprécient Facebook, Twitter et le réseau socio-professionnel LinkedIn. Selon une étude du CEFRIO de 2014, 38 % des X ont déjà fait un achat en ligne, comparativement à 28 % pour l'ensemble des

Québécois. De plus, le taux d'adoption de tablettes numériques et de téléphone intelligents chez les X a connu la plus forte augmentation parmi tous les groupes d'âge.

La génération X a l'étoffe pour accueillir les changements. Ouverte aux autres, elle apprécie un monde où les peuples et les modes de vie se mêlent et où l'égalité des sexes prime. Curieuse, débrouillarde, polyvalente, elle aime la nouveauté et les défis. Elle veut apprendre et se développer, ce qui parfois lui fait prendre d'étranges détours vers des emplois et des formations qui ne lui conviennent pas. Qu'à celle ne tienne, tel un phénix, elle se relève et recommence. Car elle aime vivre de nouvelles expériences, ressentir des émotions. Avec elle, les émotions ont d'ailleurs pris une place considérable. Les exprimer, les comprendre, les décortiquer est un de ses passe-temps favoris. Bien des entreprises et des spécialistes l'ont compris et lui offrent des expériences visant à satisfaire tous ses sens : aromathérapie, spas, massages, soins thérapeutiques divers. Cette génération apprend des choses, mais elle consacre peu de temps à la pensée. L'intuition lui suffit, et elle se plaît à marauder parmi les savoirs et les idées des autres. Mais dans quel but ?

La complexité du monde, le stress engendré par le marché du travail, de plus en plus concurrentiel et rapide, accentuent cependant son émotivité. Incapable parfois de saisir son mal-être intérieur, elle fait appel à des experts. Elle souffre de perfectionnisme, car tout doit être parfait : sa famille, ses enfants, son travail, son corps, sa sexualité. Elle veut fuir, mais où ? En proie au vertige du dépassement ininterrompu que l'individualisme impose, elle oublie de vivre. Le manque de reconnaissance dans sa jeunesse face aux efforts consentis dans ses études et le sentiment de n'avoir pas reçu autant que la génération précédente l'ont rendue égocentrique et sarcastique.

Cette génération issue de la Révolution tranquille au Québec a grandi dans une ère marquée par la détérioration des institutions sociales, religieuses, politiques, avec l'omniprésence des médias et de la société d'hyperconsommation. Elle a connu la chute du mur de Berlin, et donc la fin de la guerre froide et de la peur d'une attaque nucléaire. Avec elle, c'est la fin des idéologies et le début de la désaffection à l'égard de la politique et de ceux qui la font. Le cynisme et le manque d'engagement caractérisent cette génération.

En fait, la génération X moralise plus qu'elle ne s'engage. Comme le précise l'auteur-interprète Léo Ferré: « N'oubliez jamais que ce qu'il y a d'encombrant dans la morale, c'est que c'est toujours la morale des autres. » Comment ne pas sombrer dans la morale ? Ou plutôt, comment ne pas faire la morale à outrance à n'importe quelle occasion, sous n'importe quel prétexte ? On devient moral, a écrit Proust quelque part, dès qu'on est malheureux. Phrase étonnante, phrase profonde qui fait écho à Nietzsche citant Balzac: « Celui qui moralise ne fait en somme, comme disait Balzac, que montrer ses plaies sans pudeur. » Comment ne pas s'acharner à montrer ses plaies, comme autant d'appels à une punition collective ? D'où vient que la vertu ostentatoire apparaît automatiquement si proche du ressentiment et que, devant toute position morose et moralisante, remontent dans notre souvenir un père absent, une mère dépossédée ? Conspiration du silence, boycott, interdiction manifeste ou non, refus de conscience pur et simple, il s'agit toujours de la même volonté d'empêcher, d'ignorer, d'altérer ou, du moins, de retarder le plus longtemps possible la reconnaissance de l'autre.

En quête d'une solidarité qu'elle n'a jamais trouvée entre les générations, la génération X continue de faire cavalier seul. Elle a payé très cher les biens – propriétés, automobiles – que les baby-boomers avaient acquis à meilleur prix avant l'inflation. Endettée par de longues études et des emprunts multiples pour financer divers achats qu'elle n'aurait pu se permettre autrement, arrivée tardivement à des postes intéressants ou à une stabilité financière et rarement pourvue d'un régime de retraite privée, la génération X n'aura peut-être pas épargné les sommes suffisantes pour vivre une retraite confortable ; et, sans doute, elle devra continuer à travailler au-delà de l'âge de 65 ans. Son rapport conflictuel à l'argent né de ses difficultés passées n'est pas étranger non plus à cette situation. Première génération à employer la carte de débit, elle connaît aussi la première les dérives associées à l'argent virtuel et au crédit facile. Adepte du moment présent, la génération X risque encore de connaître un désenchantement et un choc aussi grands que dans sa jeunesse.

La génération X en résumé :

- A grandi dans la promesse d'un avenir meilleur.
- La plus éduquée et la plus diplômée.
- S'impatiente de pouvoir enfin réaliser ses rêves.
- Critique et rebelle.
- Autonome, débrouillarde, polyvalente.
- Veut des responsabilités et non des tâches.
- Conciliation famille-travail.
- Un seul boulot ne suffit plus.
- Fin de l'emploi à vie et de l'ancienneté pour justifier l'avancement.
- Forte propension à l'entrepreneuriat.
- Réussir *sa* vie.
- Épidémie de précautions.
- Intègre la première l'ordinateur personnel et Internet dans son quotidien.
- Réinvente la famille (a popularisé les couples à deux pourvoyeurs).
- Multiplication des opinions (fait confiance à des experts).
- Elle moralise plus qu'elle ne s'engage.
- Rien n'est plus obligatoire, tout devient optionnel.
- Assimile et exprime l'information de façon intuitive.
- Acheter maintenant et payer plus tard, ou l'endettement chronique.
- Retraite compromise ?

1979-1994
LA GÉNÉRATION Y

Il ne s'agit plus seulement de vivre, il faut aussi le dire et surtout le montrer.

Aujourd'hui âgés entre 23 et 38 ans, les membres de la génération Y ont joui d'une jeunesse décomplexée. Le grand retour de la croissance, la révolution du numérique et la société de l'information lui donnent une force et des atouts que n'avait pas la génération X. Internet incarne bien la mutation en cours, et cette génération maîtrise les nouvelles technologies mieux que ses aînés, qu'elle doit elle-même initier. C'est le monde à l'envers ! Les nouveaux appareils technologiques renforcent son indépendance. Ordinateur personnel, téléphone intelligent, réseaux sociaux, autant de possibilités pour elle de s'évader de la cellule familiale. Un nouvel équilibre s'établit également entre les sexes.

Lorsqu'elle naît, le monde, à l'instar de celui des X, est en bouleversement. Les années 1980 se déroulent sur fond de crises boursières et monétaires, doublées d'une crise immobilière dès le début des années 1990. Le secteur tertiaire continue de prendre de l'ampleur, offrant de nombreux emplois, notamment aux femmes qui arrivent à parité avec les hommes dans plusieurs secteurs du marché du travail.

Plus tôt encore que les X, un grand nombre d'enfants de la génération Y vivent la fin de l'union de leurs parents. La monoparentalité apparaît désormais comme un passage obligé et initiatique de la jeunesse des Y, qui vivent aussi la recomposition familiale. L'image de la tribu élargie – huit grands-parents, deux papas et deux mamans et de multiples demi-frères et sœurs – décrit bien cette génération.

Selon les tendances éducatives de l'époque, l'enfance de la génération Y se déroule dans un contexte de surprotection et de survalorisation. L'éducation est essentiellement axée sur la recherche de l'estime de soi. L'enfant-roi règne en maître auprès d'une mère ou d'un père toujours prêt à voler à son secours et à le protéger contre les vicissitudes de la vie. Jamais seul, toujours accompagné, l'enfant Y est entouré de mille soins. Il faut lui montrer qu'on l'aime, toujours, à travers mille gestes : jeux éducatifs, activités sportives, camps de vacances spécialisés, etc. Chaque parcelle de son existence est ainsi organisée par un parent hyper attentif, souvent de sexe féminin. D'ailleurs, on ne cesse de lui répéter qu'il peut tout faire et que jamais il n'échouera... Un écho subtil à la vie des boomers, pour la plupart parents des Y.

À l'école, cette hyperactivité parentale se poursuit. Fiston se plaint de son enseignante ? Maman n'apprécie pas les notes au bulletin ? On s'empresse de donner un coup de fil à la direction. Il faut que son enfant réussisse, tout en s'amusant. Puisque l'estime de soi de l'enfant est au centre de tout, l'école corrige le tir. Il faut créer une atmosphère positive où la critique est atténuée. La compétition doit céder le pas à la solidarité. On travaille en équipe et en mode multitâche.

La rétroaction est constante à l'égard de l'enfant. Il est libre, mais encadré. Les efforts et les résultats comptent moins que son état d'esprit. Pour cet enfant, tout doit avoir un sens et il faut lui expliquer non pas comment, mais pourquoi il doit faire une tâche. C'est la *whY generation* qu'il faut séduire ou, selon le néologisme suivant : « *séduquer* ».

À ce propos, un détour s'impose pour comprendre la vague qui, au tournant des années 1980, emporte les parents occidentaux, soucieux de concilier leur vie intime, leur famille, leur carrière, et dont les enfants sont nés pour être contentés et pour que leurs moindres désirs soient satisfaits. Cette situation entraîna avec elle le débordement de l'insouciance sans que l'on s'affranchisse des conséquences. La tendance à ne plus nuire, à ne plus restreindre, à ne plus déranger, à ne plus reprocher... l'éclosion de «tout, tout de suite» forgée autour du plaisir, du divertissement, de la facilité a conduit à la fabrication de l'enfant-roi, obsession sans fin qui se poursuit encore aujourd'hui.

Impatients, improvisateurs, imposteurs, les membres de la génération Y brûlent les étapes séance tenante, veulent s'élever, sans avoir emprunté les phases de maturation requises.

Pour bien comprendre ce qui se produit avec l'arrivée de la génération Y, il faut revenir en arrière. Leurs parents, voire la société occidentale, ont engendré des enfants qui refusent toute contrainte, toute limite, avec pour conséquence un rejet massif des valeurs de la génération dite silencieuse. Ce rejet presque complet des valeurs de la génération bâtisseuse se reflète aussi chez certains enfants. Ainsi, dans plusieurs familles, l'éclatement des couples, le manque de moyens, l'absence de cadre, le laxisme éducatif de nos sociétés modernes ont pour conséquence de donner trop de pouvoir à l'enfant et de ne pas lui inculquer les codes et les normes entourant la notion de respect. L'enfant qui domine autour de lui est le malheureux résultat de cette molesse collective qui n'avait pas nécessairement été souhaitée par les parents. Au centre de son petit univers cimenté autour du «moi d'abord», cet enfant veut combler des désirs qui ne sont jamais rassasiés. Il est normal pour lui de résister aux interventions éducatives et de piétiner tout ce qui, de près ou de loin pourrait l'empêcher d'obtenir ce qu'il veut. Il ne connaît rien d'autre. Devenu parent, il risque de reproduire les mêmes comportements chez ses propres enfants.

Issu des générations des baby-boomers et des X, parents à la fois des Y (*digital migrant*) et des Z (*digital native*), l'enfant-roi ne cesse de se perpétuer et contribue de façon significative à l'élévation du dérèglement des comportements à laquelle nous assistons. L'enfant-roi appartient donc à différents groupes d'âges, et son existence constitue l'un des plus grands défis auxquels les éducateurs sont confrontés.

Les difficultés de comportement de l'enfant-roi se manifestent d'ailleurs dès son arrivée à la garderie, où l'interdiction d'agir devient la plupart du temps l'unique intervention possible. De nombreuses éducatrices me confient régulièrement que près de la moitié des enfants dont elles ont la responsabilité affichent les caractéristiques de ce type de problématique (et la plupart d'entre elles incluent également leurs propres enfants) ; plusieurs d'entre elles doivent d'ailleurs se protéger contre l'agression physique en situation de frustration de la part de certains enfants. S'opposant avec une constance sans faille à tout appel à la discipline et à tout respect des règles établies lors de son entrée à l'école, l'enfant-roi joue malheureusement un rôle significatif dans la dilution des programmes d'enseignement depuis des années, en vertu du haut degré d'échec scolaire qu'il présente.

Certains enseignants du niveau secondaire et du cégep (l'équivalent du lycée français) m'ont d'ailleurs confié qu'ils donnent à leurs finissants de la génération Y le même programme qu'ils offraient auparavant au début de cette période de scolarisation, il y a environ 20 ans. Les difficultés d'adaptation du système éducatif contribuent donc elles aussi au renforcement social du règne de la facilité, de la permissivité. Selon Jean-François Revel dans *Le voleur dans la maison vide* (Mémoires, 1997), « la société porterait seule la responsabilité du résultat des études. D'ailleurs, on ne dit plus qu'un élève est paresseux, on dit qu'il est en échec scolaire, fléau anonyme qui s'abat sur le malheureux comme la pluie ou la rougeole. »

Tous les enfants-rois ne correspondent évidemment pas à ce profil impulsif, qui peut paraître alarmiste a priori. Il faut effectivement reconnaître qu'ils ne manifestent pas tous le même degré d'impulsivité : certains pourront présenter tout simplement des mouvements d'impatience, alors que d'autres afficheront une absence totale de discipline et une problématique de respect lors de leur passage à la puberté. Il faut toutefois retenir que peu importe le degré d'impulsivité, l'enfant-roi conserve toujours une tendance au plaisir, au dialogue, à la facilité, à la négociation, au compromis, appuyée par une volonté de contrôle et de manipulation que son intelligence grandissante saura raffiner au fur et à mesure de son développement. La vigilance des parents a toujours été un levier afin d'imposer les règles et les limites nécessaires pour mieux canaliser les excès du Moi.

Après un passage au cégep et à l'université, la génération Y entre sur le marché du travail. Décomplexée et joueuse, cette cohorte rejette la verticalité et la hiérarchie jugées dépassées et impose ses outils de travail, plus perfectionnés que ceux dont sont dotées les entreprises qui l'embauchent. Du jamais vu ! L'éducation reçue a fait son œuvre. Les Y veulent être consultés, pouvoir travailler en équipe et exprimer leur opinion. Ils veulent continuer de s'amuser, acceptent mal les ordres, les tâches obligatoires et la critique.

Généralement, les employés de la génération Y ont la mauvaise réputation d'être plutôt difficiles à gérer au travail. On décrit parfois cette génération née entre le début des années 1980 et le milieu des années 1990 comme celle des post-boomers, puisque leurs parents étaient les fameux baby-boomers. Les post-boomers ont grandi à une époque où Internet était facilement accessible, où les réseaux sociaux n'étaient plus une nouveauté mais une nécessité, et où être calé en technologie n'était plus une tendance mais un mode de vie.

Quel est donc le rapport entre ces divers aspects et la génération Y au travail ? D'abord, les employeurs ont pris conscience qu'ils devaient revoir certains aspects de leur cycle d'emploi pour répondre aux besoins de cette génération dynamique.

Pour mieux gérer la génération Y au travail, il faut comprendre sa façon de penser. Veuillez noter que ceci est une généralisation et qu'il ne faut pas considérer tous les employés de la génération Y de la même manière. Les enfants des années 1980 ont une perspective plus vaste du marché du travail que les générations précédentes : une carrière leur donne en effet l'occasion d'explorer leurs passions, de piquer leur curiosité et de vivre des expériences différentes. Le travail est plus qu'un chèque de paye. En fait, ils évaluent ce qu'une entreprise peut leur offrir en matière d'avantages, et pas seulement d'assurances ou de congés payés. Tout tourne autour des choses qui ont une valeur esthétique comme un bureau moderne, ouvert et adaptable, des accessoires à la fine pointe de la technologie et même une cafetière sophistiquée ou un réfrigérateur bien approvisionné. Ils apprécient les entreprises qui suivent le rythme des tendances et qui ne montrent pas seulement leur appréciation en octroyant des primes monétaires, mais aussi en organisant des activités sociales et divertissantes, en leur présentant des occasions de rencontres extraordinaires et en leur offrant de nouvelles sources de satisfaction.

Pour la génération Y, tous ces aspects comptent. Recruter et retenir les employés qui en sont issus exige donc une façon de penser complètement différente. Puisqu'ils cherchent à vivre des expériences diversifiées et qu'ils sont plus portés à changer d'emploi pour se lancer dans d'autres aventures sur le marché du travail, il est important de réévaluer régulièrement ce que l'entreprise peut leur offrir. Deux années au sein d'une entreprise, c'est long pour eux, et plus encore, c'est presque impensable si on ne leur offre pas des défis et de nouvelles gratifications.

Dans un contexte de travail, le gestionnaire a donc avantage à donner la chance à un Y d'entreprendre des tâches simultanées, de participer à des réalisations à court terme et à lui offrir la possibilité d'une promotion rapide. Cependant, il faut savoir ce qu'on peut offrir ou pas, et faire en sorte que cela soit bien clair dès les premières étapes de l'embauche.

Au travail, les membres de la génération Y ont l'habitude d'adopter une vision plutôt entrepreneuriale, et ils ont tendance à être assez directs en ce qui a trait à leurs besoins. De plus, ils préfèrent s'associer à une entreprise ou à une organisation qui prône une approche axée sur la flexibilité et la prise de risques. Les Y trouvent une profonde satisfaction à l'idée d'avoir aidé à trouver la solution à un problème, un ajout de leur part qui a fait la différence.

Les Y ont plus ou moins les mêmes valeurs que leurs prédécesseurs, mais ils n'ont pas les mêmes priorités ni les mêmes séquences d'action. Ils suivent cette vieille règle selon laquelle on oublie ce qu'on entend, on retient ce qu'on voit et on comprend ce qu'on fait. Ils affrontent directement les tensions émotives de leurs parents.

La famille est de retour dans leurs valeurs, mais les amis occupent une grande place dans leur vie. Beaucoup croient au mariage et à la famille, quoique plus tardivement, idéalement dans la trentaine. Au Québec, un congé de maternité suivi d'un congé parental, ainsi qu'un congé de paternité donnent lieu aujourd'hui à un véritable baby-boom, ce qu'on avait pas vu depuis longtemps. La conciliation travail-famille, pour laquelle les X ont tant milité, sert aux Y, tout comme le temps partagé et les horaires réduits, car pour eux, le travail n'est pas tout. Ils ont de l'ambition, certes, ils veulent progresser rapidement, mais ils souhaitent aussi profiter de la vie. Et pourquoi pas prendre une année sabbatique afin d'accomplir un voyage de ressourcement à l'autre bout du monde ?

Nombre d'entreprises ont révisé leur mode de rémunération afin de valoriser et de reconnaître le travail des Y – horaire flexible, formation sur mesure, télétravail, congé sans solde – afin de les attirer et de les retenir, car ils n'aiment pas l'engagement à long terme et ne cultivent pas d'attaches professionnelles. S'ils trouvent mieux, ils iront ailleurs. Certains créeront même leur propre emploi.

Cela dit, la situation des Y n'est pas la même partout dans le monde. Avec un taux de chômage endémique, on parle en Europe de génération sacrifiée. Nous y reviendrons.

Cette nouvelle vague a retrouvé l'optimisme et le rêve dont les multiples crises avaient privé la génération X dans sa jeunesse. Les Y sont pragmatiques. Ils recherchent des résultats à court terme – le court terme les accompagne du reste dans presque tout. Ils sont critiques, ne s'intéressent guère aux courants politiques et aux idéologies. Ils n'ont rien contre le commerce, mais les usages de consommation sont différents : en général, ils préfèrent louer certains biens plutôt que de les acheter – voitures, vêtements, sacs à main, etc. Ce sont les adeptes de la première heure d'Airbnb, d'Uber et d'Amazon dont ils contribuent aujourd'hui à la réussite et à l'expansion. Ils achètent tout en ligne et retournent sans hésiter la marchandise qui ne leur plaît pas. S'ils se déplacent au supermarché, au centre commercial, au restaurant, c'est pour vivre une expérience. L'ambiance doit être animée, le service impeccable, les produits alléchants.

Tout comme la génération X, la génération Y entretient un rapport complexe avec l'argent. Si l'économie de partage leur donne un peu de marge de manœuvre, beaucoup de Y dépensent sans compter pour financer leur style de vie – vêtements, voyages, sorties culturelles et repas aux restaurants – et ne connaissent pas la limite d'emprunt de leur(s) carte(s) de crédit. L'endettement est important chez cette génération qui voudrait mettre de l'argent de côté, mais sans y parvenir. D'ailleurs, nombreux sont les Y qui comptent sur leurs parents boomers pour financer l'achat de leur première propriété. Le problème de fond est que pour les Y, rien n'est vraiment possible sans l'appui et la générosité de leurs parents.

Aptes à se définir eux-mêmes en recourant à Internet, libérés des pesanteurs qui ont longtemps entravé la fluidité de la pensée, les Y sont en mesure de s'adapter aux mutations technologiques qui traversent la société et entraînent dans leur sillage d'amples transformations économiques, psychologiques et sociales. Les hommes et les femmes de la génération Y ont peut-être des défauts, mais l'hypocrisie et le mensonge leur sont étrangers. Ils n'ont rien à cacher !

La génération Y ne prête aucune attention à ce qui ne relève pas de ses besoins immédiats. Ce qui compte, c'est le panache, le talent de dire et de faire presque n'importe quoi. Se singulariser par l'allure et la tenue, mettre en valeur son corps par le tatouage et le piercing fait partie du style de vie des Y qui adorent aussi multiplier les égoportraits. À cette mise en scène de soi, ils consacrent temps et argent. Le pouvoir pour les Y n'est pas représenté par l'argent ou l'influence, mais par le dynamisme, par une « image convaincante », par une « réputation de gagnant ».

S'autoproclamant citoyens du monde, les Y sont très ouverts au multiculturalisme et à l'internationalisme. Barthes a raison : ce n'est pas une puissance étrangère qui nous aliène, c'est le cycle de nos besoins et de nos satisfactions, c'est la vie en nous et son éternel retour. Dans une société vouée à la consommation, rien ne libère le soi de lui-même. Le voyage semble en être le remède, du moins en apparence.

La génération Y est audacieuse et fantasque. Elle fait éclater la barrière des langues, la rigidité des systèmes, le statu quo, prône la vie avant tout. Pour elle, il est interdit d'interdire. Ces nouveaux idéalistes sont les enfants de la mondialisation. Leur regard sur le monde n'est pas spécialement déterminé par les débats animés sur l'exploitation capitaliste dans le lointain Nicaragua, comme c'était le cas dans les années 1970, mais par la pauvreté qu'ils ont eux-mêmes constatée en traversant le Pérou, le Cambodge ou le Mali. La maison du Y peut être son sac à dos, à la condition d'avoir toujours une brosse à dents neuve...

Parallèlement, Internet, le téléphone intelligent, les réseaux sociaux ont rendu le monde nettement plus petit. Les messages de groupes ou d'associations sur Facebook traversent la planète en un rien de temps :

il suffit d'ajouter son nom aux autres pour faire preuve de solidarité. Afin de conduire sans polluer, les Y se demandent combien d'arbres ils doivent planter pour neutraliser leurs émissions de gaz à effet de serre. Auparavant, lorsqu'on se préoccupait de l'environnement, on pensait qu'il fallait se débarrasser de sa voiture. D'innombrables jeunes idéalistes ont mis sur pied leurs propres projets d'écotourisme avec des partenaires locaux, dans les pays d'Afrique ou d'Amérique Latine.

Mais aussi intéressés qu'ils soient par le monde, les Y ont grandi sans se confronter à l'autre et n'ont pas de sensibilité profonde, centrés qu'ils sont sur leur propre bien-être. Quand ils cherchent à s'identifier à quelqu'un, ils se tournent souvent vers le passé. Cela les rassure, leur épargne le risque de se confronter. Cette attitude superficielle revient à se contenter de l'éphémère. De surcroît, en aimant l'homme du passé, ils s'aiment eux-mêmes. C'est le prolongement de la recherche de soi. Briller. Se distinguer. Revendiquer. Leur désir de renouvellement est vif. Il est aussi global. Il porte à la fois sur les raisons, les façons de faire et les façons d'être. Comme on le lui a appris, la génération Y a une opinion sur tout.

Mais la principale caractéristique d'une société dominée par les opinions est le scepticisme général. Comme le disait si justement Henri Bergson (1859-1941), « notre esprit a une irrésistible tendance à considérer comme plus claire l'idée qui lui sert le plus souvent ». L'idée gagne ainsi une clarté intrinsèque abusive. À l'usage, les idées acquièrent ainsi une valeur indue et deviennent un facteur d'inertie pour l'esprit. Parfois, une idée dominante polarise un esprit dans sa totalité. L'esprit préfère alors ce qui confirme son savoir à ce qui le contredit, préfère les réponses aux questions. L'instinct de conservation prend le dessus, et la croissance spirituelle s'interrompt.

Peut-on, comme le croit la génération Y, se prononcer sur tout impunément, autrement dit fonder ses actions ou ses croyances sur sa seule pensée, sur l'opinion qu'on se fait ? Une mise en garde s'impose. Nos opinions pensent mal ; plus précisément, elles ne pensent pas : elles traduisent des besoins en connaissances. En désignant les objets par leur utilité, elles nous interdisent de les connaître. On ne peut rien fonder sur l'opinion: il faut d'abord la détruire. Elle constitue le premier obstacle à surmonter. Et il ne suffit pas de la rectifier ponctuellement tout en conservant une sorte de morale provisoire, en préservant une connaissance vulgaire provisoire. Avant tout, il faut savoir poser des problèmes. Rien ne va de soi. Rien n'est donné. Tout est construit.

Au sein de la génération Y, on doit distinguer la génération C (1986-1994) qui englobe, pour certains sociologues, la génération Z (1995-2010). Toutefois, pour reprendre les propos de Diane Pacom, sociologue de l'Université d'Ottawa, la prudence s'impose : « [...] c'est une étiquette qui manque de nuances, c'est difficile de mettre les jeunes de 12 ans et de 24 ans dans la même catégorie. » Elle rappelle qu'il y a toujours un danger à apposer des étiquettes de la sorte. Cette génération est particulièrement difficile à cataloguer, puisqu'une de ses caractéristiques est la mobilité.

Les technologies de l'information et de la communication (TIC) occupent une place importante dans la vie des membres de la génération C. La lettre C précise d'ailleurs leurs intentions : Connecter, Communiquer, Créer, Collaborer. Une génération qu'on appelle aussi « *digital natives* », qui se concentre plus particulièrement sur les connexions, les réseaux et les innovations technologiques, et dont l'esprit est désormais multitâche.

La génération C correspond au pouvoir de choisir, de trancher et de multiplier les opportunités. Elle est fidèle à ses désirs et à ses aspirations pour réussir. Oratrice hors pair, entre le metteur en scène et l'artiste, son succès est le résultat de cette fidélité à soi-même. Il devient donc impératif pour les parents, les éducateurs, les professeurs, les employeurs d'en connaître les mots clefs : attraction, idées novatrices, création de liens, promotion de l'image, désir d'être remarqué. L'univers des apparences domine.

Ces jeunes Y se démarquent par l'utilisation qu'ils font de la technologie, qu'ils considèrent à la fois comme de nouvelles libertés et comme de nouvelles façons d'être contrôlés. Elle sert aussi à l'auto-éducation et à la séduction. Tout peut servir à tout, telle est leur devise. La génération C ressent, au travers des technologies, des émotions et des sentiments. Alexandre, 23 ans, affirme : « On comprend mieux quand on ressent ; on ressent mieux quand on comprend. »

Les jeunes de la génération C sont largement imprégnés par la « *LOL culture* ». Ils appréhendent le monde en le critiquant par le rire et par l'absurde. Le sigle LOL (qui signifie « *laughing out loud* », soit « rire aux éclats »), largement utilisé sur la Toile, exprime une posture mentale : celle de ne jamais rien prendre au sérieux. Alors que le monde est rationnel, globalisé, marchand la *LOL culture* promeut la régression enfantine et permet une approche du monde où beaucoup de choses sont prises à la blague.

Pour déclencher le rire, les adeptes de la *LOL culture* recherchent des éléments visuels ou sonores. Différentes techniques sont utilisées : des extraits d'émissions de télévision (bredouillages, lapsus), des vidéos de spectacles comiques, des extraits de films, etc. Dans la *LOL culture*, personne n'est épargné, pas même les sujets tristes, et tout est tourné en dérision.

La génération C s'intègre allègrement dans le monde virtuel, sur lequel un sort de mobilité absolue a été jeté. La valeur qu'elle accorde aux technologies dépasse l'entendement. D'ailleurs, cette conviction importe plus que la réalité, et « savoir » peut sans doute être remplacé par « croire » lorsque le doute ne s'est pas insinué dans l'esprit.

Les repères changent, les technologies établissent de nouvelles règles, de nouveaux standards. La génération C désire ce que les autres ont et sont, et elle n'a de cesse d'obtenir des avantages au moins identiques, puisqu'elle dépasse leur niveau, ce qui engendre de profondes tensions. La célébrité, la beauté, le prestige intellectuel d'une star, la notoriété, la mode, les élixirs de jeunesse, le désir d'identification et d'attraction s'entremêlent dans la tête d'un individu qui passe des heures (plus de 30 à 40 heures/semaine) devant un écran. Les technologies stimulent tous les aspects du désir.

Pourquoi les sociétés commerciales canalisent-elles leurs efforts de courtoisie dans l'œil des technologies ? Pour plaire aux nouvelles générations en leur faisant vivre une expérience qui exacerbe tous leurs sens et attise leurs désirs. Les besoins n'existent plus, seuls les désirs comptent. Les marchands du temple l'ont bien compris. Les C auront à départager l'essentiel de l'accessoire. La question reste entière et ordonne une réflexion majeure à tous les acteurs impliqués de près ou de loin dans le développement de la jeunesse d'aujourd'hui et de celle de demain.

Tout n'est pas salutaire dans les technologies. Un jeune qui oscille entre liberté, inquiétude et révolte a un besoin pressant d'encadrement afin de raffiner ses opinions et son jugement critique. Toutefois, je précise qu'il y a quelque chose de rassurant dans ces désordres : une aspiration à la dignité. On peut aussi se révolter de l'utilisation excessive des technologies, qui creuse l'écart entre les générations anciennes et nouvelles.

La génération Y en résumé :

- Interdit d'interdire : permissivité, facilité.
- Ce qui compte, c'est le style, le panache.
- Recherche d'une image convaincante.
- Technologie et mobilité.
- A une opinion sur tout.
- L'univers des apparences.
- Fonde ses valeurs sur le désir et la séduction.
- Prône la vie avant tout.
- Éthique axée exclusivement sur le divertissement.
- Un avenir prometteur.
- Retour des valeurs.
- Gâtée mais fragile.
- Individualiste mais solidaire.
- Libertaire mais en demande d'autorité.
- L'engagement signifie une entrave, un fardeau.
- Ne supporte pas la hiérarchisation et la classification.
- A du mal à faire le tri entre l'accessoire et l'essentiel.
- Difficulté à épargner.
- Appui financier des parents.
- Les quatre I : Individualisme – Interconnexion – Impatience – Inventivité.

1995-2010
LA GÉNÉRATION Z

Plus sélective qu'excessive... Les jeunes ne veulent pas être égaux, ils veulent être préférés.

Au début des années 2000, les premiers représentants de la génération Z sortaient à peine de l'enfance. Rien encore ne permettait vraiment, si ce n'est pour quelques spécialistes en marketing publicitaire, de saisir les particularités culturelles de cette génération. Tentons d'en appréhender les contours en esquissant ses perspectives d'avenir. Les Y ont débuté leur entrée dans le marché du travail et influenceront à leur tour – et à leur manière propre – les destinées de ce monde.

Qui sont les Z ? Nés entre les années 1995 et 2010, les Z (appellation donnée par les journalistes pour faire suite à celle des deux générations précédentes) sont issus, pour une grande majorité, de parents de la génération X. L'anthropologue du Web Michael Wesch les appelle les « *emos* » (diminutif du mot *émotion*), alors que Strauss et Howe les nomment « nouvelle génération silencieuse » ou « *echo-boomers* » (en « écho » pour certains Z à leurs parents baby-boomers). Ces deux sociologues américains soutiennent en effet que parce qu'elle évolue dans un monde marqué par les attentats du 11 septembre 2001 ainsi que par une crise économique majeure, la génération Z a de nombreux points communs avec la génération silencieuse qui a grandi à l'époque de la Grande Dépression des années 1930, dont une grande lucidité. Mais attention, ces jeunes sont loin d'être silencieux comme leurs aînés !

Il reste cependant à parier que la génération *emos* suivra les traces de la génération Y qui l'a précédée, notamment de la génération C, d'autant plus qu'elle dispose comme elle d'une multitude d'objets pour s'exprimer. Les Z sont de vrais « *digital natives* », bercés par le Web 2.0 depuis la naissance. Branchés à des réseaux de communication, les représentants de cette génération clament sans compromis : chacun son rythme, chacun ses goûts ! Telle est la façon de penser de cette nouvelle génération silencieuse, qui organise le monde selon ses préférences. « Si l'émission de télé n'est pas particulièrement séduisante ce soir, pourquoi ne pas s'en fabriquer une sur mesure et la visionner sur l'ordi ? »

Le branchement doit être permanent pour les Z : pas question de couper le contact avec les amis – la pire chose qui pourrait survenir – lorsqu'on est au cinéma ou même en classe, où ils s'ennuient très souvent. Télécharger une chanson (de manière illégale ou non, car les Z adorent flirter avec l'interdit), envoyer un commentaire sur un babillard, écouter de la musique avec Apple, Google Play ou Spotify, visionner un extrait vidéo sur YouTube, discuter avec les amis sur les réseaux sociaux Facebook ou Live Messenger ou texter leur est naturel en simultané, et ils ne sauraient s'en priver. Il n'y a pas de culture Z comme il y a une culture Y (interdit d'interdire), mais un « mode de pensée Z » où coexistent une multiplicité des possibles et une seule langue commune : le numérique.

Las de s'adresser à des parents trop occupés ou absents, ces enfants se mobilisent à travers la carte virtuelle et créent des liens avec un monde étranger en chattant, en échangeant des objets et en faisant l'achat de produits inédits en consommateurs avertis qu'ils sont déjà. Ils ont d'ailleurs une opinion sur tout – à l'exemple des Y – et ne se gênent en rien pour la faire connaître. Tout cela en prenant soin de bien gérer leur image, presque comme une marque, réputation oblige, sur les réseaux sociaux. Car, encore davantage peut-être que la génération précédente, les Z aiment se distinguer de la masse et créer leur propre style. C'est pour cette raison notamment qu'ils adorent la pub. En outre, à la différence des Y, les Z n'attendent pas d'être arrivés à l'adolescence pour exprimer leurs désirs : ils le font dès l'âge de 6, 7 ou 8 ans. Dès 6 ans, les jeunes filles réclament un deux-pièces pour la plage ; à 10 ans, c'est un tatouage. Par rapport aux générations précédentes, et plus encore que les Y, les Z sont parfaitement décomplexés.

Un autre aspect important distingue la génération Z de la précédente : elle préfère les influenceurs aux vedettes. Les influenceurs sont désormais sur tous les fronts. Blogueurs respectés ou membres hyperactifs de Facebook, YouTube, Instagram et autres réseaux sociaux du Web pour faire connaître les dernières tendances dans un domaine particulier ou tester mille et un produits, les influenceurs sont suivis par une communauté importante. Leurs propos sont souvent drôles, légers, mais parfois tranchants et dévastateurs. Les Z adorent ! Les grandes marques l'ont bien compris, et plusieurs d'entre elles s'associent maintenant à un influenceur. Ses icônes ? Mark Zuckerberg, fondateur de Facebook, Travis Kalanick, fondateur de la société de partage de fichiers Red Swoosh et de l'entreprise Uber ainsi que Michelle Phan, célèbre youtubeuse.

Les Z sont nés connectés, et l'obsession virtuelle d'autrui leur tient lieu d'identité. Pourquoi ? Parce que l'enfant de la génération Z ne connaît l'autre que sous deux figures : le spectateur et l'adversaire.

Toutefois, si la culture de l'*entertainment* pousse de plus en plus aux plaisirs faciles et au narcissisme, elle n'empêche nullement les enfants de vouloir comprendre leur monde, d'inventer, d'innover et de progresser – des caractéristiques propres à la génération Z. Tenez-vous-le pour dit, les *emos* sont créatifs ! Tandis que monte le règne du consommateur intégral, paradoxalement, le présent voit se multiplier les désirs de création, d'expression et de participation en tout genre. Fabriquer ses personnages est tout l'intérêt du jeune enfant. Adolescent, il produit ses vidéos sur YouTube – le réseau social numéro 1 des Z. Tous les registres l'intéressent. Le Z aime se transformer en héros d'un jour, le temps d'un écrit, se métamorphoser pour émouvoir, faire rire, pleurer ou être complimenté, en hypersensible qu'il est, chose que beaucoup d'enseignants ont pu remarquer. Tout déguisement le séduit, pourvu qu'il lui permette une nouvelle incarnation susceptible de l'éclairer sur lui-même.

La génération Z est une génération qui s'abandonne et qui vit ses rêves. Elle a une façon bien à elle de quitter la maison dès 10 ans pour un camp de vacances à l'étranger sans se soucier de ses parents. Je n'y vois que du bonheur. Apprendre tôt dans sa vie à aller à la rencontre de l'autre, expérimenter de mille et une façons la possibilité de développer de nouvelles habiletés, partager des idées, prendre des risques, apprivoiser l'inconnu et renforcer, par la même occasion, son estime de soi. Voilà la vie à son meilleur. Des retombées inédites qui lui permettront de mieux composer avec l'adolescence, l'adulte en devenir et les situations surprenantes de la vie, tant sur le plan personnel que professionnel.

À ce sujet, j'ai été stupéfait devant l'exploit sans précédent de cet enfant de 9 ans, Amira Willighagen, gagnante de la finale du concours Holland's Got Talent 2013, qui se découvre un talent inné comme chanteuse d'opéra en interprétant *O Mio Babbino Caro*... À faire pleurer tout auditoire. Aujourd'hui âgée de 13 ans, vedette internationale, cette jeune fille nous donne de l'espoir, de la fraîcheur de vivre... cette jeunesse habile, talentueuse, courageuse.

À force de créer, de produire et d'échanger sur les réseaux sociaux, certains Z ambitionnent de devenir entrepreneurs, une tendance observée aux États-Unis et au Canada. C'est ce qui ressort de l'étude *La grande évaZion,* menée en 2015, qui révèle que 50 % d'entre eux souhaitent créer leur entreprise. Comme cette jeune Américaine de 11 ans, qui a ouvert une entreprise fabriquant des bonbons qui ne causent pas de carie. Aujourd'hui, son entreprise emploie plus de 30 personnes, dont son père qui l'empêchait de manger... des bonbons quand elle était petite, par crainte de la voir développer des caries, d'où l'idée. Si tous les Z ne ressemblent pas à cette jeune entrepreneure, à tout le moins, ils espèrent trouver l'emploi de leurs rêves, d'où le stress et les conflits, dont leurs parents se plaignent sans cesse, seront bannis.

En attendant, ils s'auto-initient au design, à la photo, à la vidéo sur YouTube. Ils sont curieux et futés, les Z ! D'ailleurs, dans le silence qu'on lui attribue, cette génération observe, juge et agit. Car elle vit aussi dans le monde réel. Sensibles à la pauvreté et à l'injustice, beaucoup de Z font du bénévolat et s'engagent dans des causes humanitaires. Voilà pourquoi l'entrepreneuriat comme le travail social peuvent les intéresser. La génération Z a aussi ses propres contradictions...

Si la génération Y comptait ses amis par centaines sur les réseaux sociaux – bien souvent au détriment de la qualité – et partageait beaucoup de vidéos, les Z sont plus sélectifs : ils recherchent de l'intimité dans la relation aux autres, délaissent Facebook, trop « voyeur », au profit de Snapchat, où les photos s'effacent une fois vues. Ils sont dans l'utilisation maîtrisée des réseaux sociaux. Parallèlement, ils recherchent de l'authenticité, du lien social, du réel. Le Z précise : « Pour être sélectifs, nous devons être conscients de ce qui passe autour de nous. » En résumé, le Z se veut co-auteur de la société dans laquelle il entend bien faire sa place…

Comprendre le comportement d'achat et de consommation de ces jeunes permet de prédire leurs comportements dans l'entreprise de demain. Issu d'une génération contradictoire, le sujet Z éprouve un grand besoin de liberté tout en ayant un fort lien social. Zappeur, il est néanmoins fidèle (à ses amis, aux marques, aux enseignes…). Cette génération est compétente dès lors qu'il s'agit d'utiliser le numérique, mais elle glane de l'information en ligne qu'elle ne vérifie pas, ce qui laisse penser qu'elle fait un travail adéquat sur la forme, mais discutable sur le fond. Ensuite, elle se désinvestit tout en étant engagée, vit dans le virtuel tout en recherchant de l'authenticité. La consommation, terrain d'application privilégié pour expérimenter son autonomie tout en intégrant un groupe de pairs, est pour elle très importante puisqu'elle lui permet de réconcilier ces aspirations contradictoires. Elle lui permet aussi d'exercer ses compétences : recherche d'information, évaluation des marques, gestion de son budget... Toutes ces sources d'aspirations contradictoires dans la consommation des Z influenceront le rapport qu'ils auront demain avec l'entreprise.

S'il tarde à la génération Z d'entrer sur le marché du travail, c'est qu'elle espère gagner de l'argent. Beaucoup d'argent. Encore plus que les Y, les Z en parlent sans tabou. L'argent des parents et des grands-parents ne leur suffit pas. À cet égard, ils sont pragmatiques et lucides : consommateurs avertis, ils connaissent la valeur des choses et cherchent les moyens efficaces de gagner de l'argent dès leur plus jeune âge : petits boulots, vente d'objets sur Kijiji ou à des copains à l'école. Ils observent leurs parents, des X pour la plupart, dont la vie professionnelle se déroule en dents de scie, le travail alternant avec des épisodes de chômage plus ou moins longs. Ils les ont vu faire de longues études et ne pas obtenir les résultats escomptés sur le marché du travail. Comme les X, ils sont méfiants à l'égard de l'entreprise, ce qui nourrit d'autant leur désir pour l'entrepreneuriat. Le risque ne les effraie d'ailleurs pas, ni non plus l'échec, car ils savent qu'on les aidera à se relever. Les parents y veillent.

Déjà, les employeurs, qui commencent à accueillir les premiers contingents de Z, s'interrogent et s'inquiètent. L'adaptation sera-t-elle aussi exigeante que pour les Y ? Peu adeptes des coups de fil et des courriels, les Z fonctionnent surtout par texto. Et quand ils annoncent leur absence ou leur démission, ils le font de cette façon. Plus encore que les Y, ils sont ambitieux, indépendants et sans complexes. Pour les attirer et les retenir, il faut savoir leur offrir un cadre de travail stimulant et des défis qui leur permettent de progresser et d'accroître leur sens des responsabilités. Comme les X et Y, les Z prônent l'égalité des sexes au travail. La diversité culturelle ne les effraie pas ; au contraire, ils y sont habitués. Ils veulent une entreprise éthique, responsable et internationale. Quant au management, ils respecteront leur supérieur, non pas tant pour son ancienneté et ses diplômes, mais pour sa capacité à écouter et à proposer des défis qui inspirent et mobilisent. Ce dernier doit être moins un chef qu'un coach, poser des règles et rappeler quelques formules de politesse. Habitués d'obtenir ce qu'ils désirent rapidement, les Z ont en commun avec les Y l'ivresse de leur impatience. Et cette impatience peut les rendre colériques et fragiles.

Les Z sont conscients que la barrière vie privée-vie professionnelle n'existera plus. Pour les dirigeants, cela suppose de mettre en place des projets innovants et de créer, tel Google, des espaces de liberté dans la semaine où le sujet Z pourra prendre du temps pour réfléchir à l'entreprise qu'il veut créer. Zappeur, le Z changera d'emploi plus de 10 fois dans sa vie. S'il n'est pas fidèle à son entreprise, il le sera à ses amis, à ses influenceurs, à ses mentors.

Les entreprises devront ainsi être construites selon des modèles plus souples. Certaines l'ont déjà bien compris, telle Accor qui a créé un comité uniquement composé de salariés de moins de 35 ans, afin d'être à l'écoute des plus jeunes. Exprimant une réelle quête de liberté et de sens, la génération Z recherchera des entreprises associant plaisir, bien-être et convivialité. Des signes annonciateurs de la fin de l'*open-space*, trop impersonnel et trop intrusif pour les Z, et d'une reconfiguration de l'espace, du temps et peut-être aussi du salariat se dessinent déjà. Les Z deviendront des entrepreneurs à l'intérieur même de l'entreprise. Cette dernière devra favoriser encore plus la responsabilité et la valorisation du potentiel créatif et collectif du sujet Z. Celui-ci dit haut et fort à son employeur : « Aidez-moi à développer ma propre entreprise et je m'engage auprès de mon employeur pour une période de quatre ans. » Les Z ont une raison bien à eux de nous dire pourquoi ils rêvent d'entreprendre : « Ne pas avoir de compliments de son employeur est suffisant pour partir bosser à son compte afin d'en recevoir tous les jours. »

Ces adolescents et jeunes adultes sont créatifs : les cours magistraux ne leur conviennent plus, et il faut les rendre acteurs de leur savoir. Ils ont besoin d'apprendre en faisant. C'est ce que propose l'association française Entreprendre pour apprendre, qui invite des collégiens à réfléchir sur des projets concrets d'entreprise. Les jeunes doivent soumettre des idées face à des problématiques précises. Ainsi, l'enseignement se modifie, le professeur devient un coach, accompagnant les étudiants dans l'acquisition de leur savoir. Avec la génération Z, on s'achemine clairement vers la co-construction du savoir, du parcours, de la carrière… Les managers prendront le train en marche en devenant à leur tour des coachs, des accompagnateurs vers l'acquisition de savoirs et de compétences. Toutefois, il pourrait s'avérer imprudent de remplacer les connaissances par les compétences, l'éducation par la formation, sans faire un rappel urgent de rapprocher la matière (les connaissances) et la manière (le savoir-être). Ces négligences pourraient conduire à elles seules à plusieurs dérives particulièrement difficiles à surmonter.

Nous avons prétendu œuvrer pour le bonheur de la génération Y en octroyant toute l'attention à ses demandes. Qu'en sera-t-il des enfants de la génération Z aussi appelée CLIC (Créative, Lucide, Intègre, Collective) ? Les parents, soucieux de leur plaire, cautionnent d'emblée leurs désirs : « Non seulement tu peux tout avoir, mais tu as droit à tout. » Pourtant, nous savons tous sans le moindre doute qu'un enfant ne peut mûrir qu'à coup de pertes successives. Et puis, avec autant de droits, qu'adviendra-t-il des responsabilités de chacun ?

Tout, tout de suite ! Il faut ajouter que ce processus n'a rien de mécanique. Cette temporalité n'est pas un destin ou une fatalité, elle est une histoire de la liberté. En effet, l'enfant ne fait pas que grandir, il veut grandir. Toute sa vie se tend de ce désir impérieux et impatient de devenir grand. Si impatient et si impérieux, d'ailleurs, qu'il faut le réfréner. Être quelqu'un, la mission des générations précédentes, ne suffit plus. Le leitmotiv des Z est clair : « Je veux maîtriser ma vie ! » La génération Z ne s'inquiétera nullement des lendemains. Elle organisera ses priorités, ses convictions autour d'une obligation de devenir soi. Rousseau l'avait noté : à peine né, l'enfant aspire à l'empire. Au fond, ce qu'il faut protéger ce n'est pas la « nature enfantine » (ce qui rendrait absurde que l'enfant grandisse), c'est cette volonté enfantine de grandir ; et il faut protéger l'enfance de sa propre impatience.

L'immaturité croissante des cohortes d'adultes produit un individu incertain et inquiet. La maturité semble aujourd'hui introuvable. Être adulte n'apparaît plus comme la condition et l'exercice de la liberté, mais comme sa négation, sa sclérose et son atrophie. Ce que l'expression « être adulte » peut signifier pour les nouvelles générations (X, Y, Z) n'a rien à voir avec ce qu'en concevaient les générations antérieures (la génération silencieuse, et une partie de la génération des baby-boomers). « Être adulte » aujourd'hui équivaut à « être aux commandes dans un monde ». Comprenant cela, beaucoup d'Occidentaux parmi les plus ambitieux choisissent de rester d'éternels adolescents. C'est pourquoi, en l'absence d'adultes, on se met à faire confiance aux experts.

Le dérèglement des âges se laisse donc voir dans de nombreux traits peu glorieux de notre époque : ébranlement de la figure adulte, aspiration frénétique à l'éternelle jeunesse, règne de l'enfant-roi. Autrefois, à 20 ans, on avait le visage de ses parents. Aujourd'hui, on veut celui des autres. Qu'en sera-t-il des enfants de la génération Z ? Seront-ils à même de proposer un retour aux valeurs, ou encore réagiront-ils à ce flou angoissant de la civilisation dite de l'éphémère, qui vit sous le registre du court terme alourdissant et sous la bannière du tout, tout de suite ? Pour l'instant, il semble que non.

C'est la logique de la mode et sa vitesse de renouvellement, la séduction facile et la recherche du succès immédiat qui sous-tendent le fonctionnement de l'identité de la nouvelle génération silencieuse. Ce ne sera pas très, très « populaire » de dire à cette génération qu'elle demeurera irrémédiablement confrontée au manque et se butera à des interdits, loin d'obtenir la jouissance et le plaisir qu'elle voudra éprouver dans l'immédiat, jusqu'à se sentir comblée.

Dès la rentrée scolaire, les professeurs s'affolent à l'idée de devoir de nouveau gérer des kyrielles d'élèves excités, toujours affairés à pianoter sur le clavier de leur téléphone intelligent, distraits, incapables de se concentrer plus de cinq minutes. L'agitation serait-elle le mal du siècle ? Les enfants turbulents sont le reflet du monde dans lequel ils grandissent et des relations qu'ils entretiennent avec leurs proches.

La faute en incombe aussi aux nouvelles formes de travail, au stress, à la technologie. Avec Internet, toutes les sphères de la vie se superposent : la maison est devenue une annexe du bureau et de l'école, et vice versa. Avec la télévision comme fond sonore, on est à la fois ici et ailleurs. Combien de fois répond-on sur son téléphone intelligent quand on est à table – une manière de signifier à ceux que l'on a autour de soi qu'ils comptent moins que celui qui est au bout du fil ? Valorisons l'enfant, donc, en lui consacrant de vraies plages de temps, rien que pour lui.

La génération des *echo-boomers* ne se contentera pas des plaisirs : elle demandera aussi à être actrice, à s'exprimer, à donner son opinion, à participer au déroulement de la classe (d'ailleurs, la génération Y a vu l'avènement d'une nouvelle démocratie d'expression et de participation). C'est la raison pour laquelle les jeunes désireront moins avoir des guides qui pensent et qui décident pour eux que « se faire leur propre opinion » et s'exprimer par eux-mêmes.

Cette jeunesse a tant besoin d'un père (de son histoire, de sa voix, de son regard, de ses gestes), d'un géant, d'un homme qui peut ouvrir un chemin dans n'importe quel désordre du monde. Le jeune clame aussi son besoin d'une mère qui n'est pas obsédée par le rajeunissement à tout prix.

Le parent doit exprimer ce principe de façon limpide à son enfant : « savoir se contenter », accepter, en toutes choses, des limites à ses appétits. Essayons seulement d'éliminer le superflu. L'enfant vit aujourd'hui sous le signe d'une séduction que lui laisse entrevoir la démesure même de son pouvoir sur les êtres et les choses. Pourquoi le presser de grandir, de se réaliser, de faire des choix ? Laissons-le rire, s'amuser, découvrir, expérimenter. Laissons-le dans l'innocence de son monde imaginaire. Cessons de le presser !

Pour y arriver, la génération Z aura besoin d'un peu de solitude, de manque et de privation. Car si tout est permis, il n'y a plus de devoirs. La provocation bouscule le « tout est permis » et signale encore l'urgence de réagir contre cette manière de vivre qui a débuté avec la génération Y et qui se poursuit avec la nouvelle génération silencieuse.

La génération Z en résumé :

- Sa langue maternelle est le numérique.
- S'ennuie à l'école.
- Admire les influenceurs plus que les célébrités.
- Elle ressent un besoin pressant d'être complimentée après chaque effort.
- Une grande difficulté à surmonter l'anonymat au quotidien.
- Soucieuse à l'extrême de son apparence.
- Occupée à gérer son image, presque comme une marque.
- Elle est complètement décomplexée.
- Le pire qui puisse lui arriver semble être une panne de courant ou la perte de la connexion.
- Elle a un avis sur tout.
- Elle crée son propre style.
- Identité multiple.
- Rôle de la victime ou de l'agresseur.
- Aspire à devenir son propre patron.
- L'argent sans tabou.
- Son leitmotiv : « Je veux maîtriser ma vie. »
- La frénésie pour l'égoportrait.
- Un besoin constant de rétroaction.
- Il passe de Facebook à Snapchat en passant par Twitter.
- Un intérêt marqué pour la cuisine.

2011-...
LA GÉNÉRATION ALPHA

La connaissance à la portée d'un clic...

Sociologues et journalistes lui ont déjà attribué un nom. Alors que l'on avait atteint la dernière lettre de l'alphabet avec la génération Z, nous voici de retour au début avec la génération Alpha. Chaque semaine, plus de 2,5 millions d'Alphas naissent dans le monde. Pour l'instant, ils n'existent que dans le regard de leurs proches.

Cette nouvelle génération qui s'est amorcée en 2011 est issue majoritairement de parents de la génération Y et, en moins grand nombre, de parents de la génération X. Il est à noter qu'à partir de maintenant, les générations auront des cycles de vie de courte durée, plus précisément entre 10 et 15 ans, le temps s'accélérant sous le coup de l'évolution technologique.

Sur ce point, on peut émettre quelques hypothèses. Née avec le doigt posé sur un écran, la génération Alpha apprend le monde avec une tablette ou un téléphone intelligent entre les mains. Finis les téléphones jouets en plastique de notre enfance. Plus encore que les Z, elle googlera et s'auto-initiera à une foule de choses dès son plus jeune âge. Tout le savoir est à portée d'un clic. Il y a fort à parier que la génération Alpha sera tout aussi ludique, intuitive et créative que la génération Z dont elle renforcera les acquis. Qu'adviendra-t-il alors de l'école, de l'université, alors que les élèves ont de plus en plus de mal à tenir en place et à se concentrer ? Sera-t-il encore nécessaire de s'y rendre, alors que les Z s'y ennuient à mourir ? L'enseignement sera-t-il dispensé en ligne par des enseignants en classe et selon des séquences différentes au fil de la journée, ce qui provoquerait un grand bouleversement de notre monde, une révolution ? Aura-t-elle à apprendre à conduire alors qu'on annonce pour bientôt l'apparition de la voiture sans conducteur ? Aura-t-elle à apprendre une langue étrangère alors que les traducteurs intelligents se multiplient et se perfectionnent sans cesse ? L'application Duolingo propose justement d'apprendre une langue gratuitement en un temps record. Préparera-t-elle encore des repas ou laissera-t-elle à des robots la corvée des tâches ménagères ? Repoussera-t-elle encore plus loin les limites de l'âge ? Vivra-t-elle une fracture entre ceux qui sont connectés et ceux qui sont restés tout simplement des êtres humains ordinaires ?

Chose certaine, le petit Alpha vit au sein d'un monde en transformation. Famille traditionnelle, monoparentale, homoparentale, transgenre, recomposée, tous les modèles sont possibles. Puisqu'il ne connaîtra pas autre chose, il s'épanouira probablement dans cette diversité. Avec lui, la fin des genres deviendra peut-être une réalité.

Sur le plan humain, on peut s'interroger. Sera-t-il question d'un « moi je » plus individuel, plus personnel – « moi je veux, moi je prends » – ou alors serons-nous témoins d'une éducation parentale axée sur l'autre, prendre soin de l'autre – « moi je donne, moi je partage » ? J'ai déjà évoqué dans mes livres précédents et mes conférences combien il est important pour la structuration d'une personnalité de développer le savoir-faire et le savoir-être et, par la même occasion, les mots pour le dire, la politesse des manières.

Les parents des Y et des Z ont poussé la permissivité à des limites impensables pour les générations antérieures. En sera-t-il ainsi pour les parents de la nouvelle génération née à compter de 2011 ? On ne sait pas par quel truchement sociétal la « séducation » a remplacé *éducation*. Les parents semblent se noyer dans ce méli-mélo de culpabilité, d'amour, de dévotion et de procuration.

S'il fallait trouver les responsables de cette situation, inutile de les chercher bien loin. Ils sont partout. Les moindres ne sont pas nos chères écoles qui, pendant des décennies, nous ont bassinés avec des « réformes » comme s'il s'agissait d'ancrages à la réussite. Et si l'éducation était la vraie révolution ? Une éducation qui vise l'essentiel : aider à forger les caractères, grandir avec autrui sans provocation, repousser la servitude (la rendre moins volontaire) et se recueillir autour d'un livre. Nous pourrions ainsi alléger la tâche de tous ceux qui accompagnent l'enfant.

Que deviennent les parents, ces héros du quotidien, lorsqu'ils n'ont plus les moyens de fournir une dose de rêves à leur enfant ? Tous n'ont pas les ressources pour se regrouper dans un « village à la pensée unie », c'est-à-dire dans un quartier où les gens partagent les mêmes valeurs, avec des enfants qui jouent dehors, des voisins qui s'entraident. Reste alors l'espoir.

Impatients de le voir grandir, de l'entendre parler, de le couvrir d'éloges... Laissez-le vivre son âge, exercer son imagination, découvrir ses ambiguïtés, faire des erreurs. Confisquez-lui la tablette numérique et le téléphone intelligent et réservez des périodes bien définies à leur usage. Tendez-lui un livre et des jouets bien réels à la place. Et surtout, laissez-le s'ennuyer de temps en temps seul dans son coin. Ne faites pas de vos enfants des adultes avant l'âge. Le génie est là : dans l'espace laissé au rêve, à l'insouciance, à l'innocence, dans l'éclosion des questions qu'il suscite.

Les parents de la génération Alpha devront se désintoxiquer de leur identité consumériste. Ce « moi d'abord » entériné par les générations Y et Z, semble prendre la forme d'un revers face aux projets collectifs, aux face-à-face, à la méfiance occasionnée par le progrès. Avant, on s'avançait, on entrait dans le champ visuel de l'autre, on le voyait sourire. Aujourd'hui, le sourire nous vient d'un écran. « C'est moi ! » On ne sait pas toujours quel est ce moi. Il se dilue parfois dans des *Je* hasardeux... La génération Y l'utilise sans répit, le « moi d'abord », le moi revendicateur, le moi usurpateur. « Il n'y a que moi qui passe chez moi. » En sera-t-il de même pour les enfants de la nouvelle génération ? J'ose espérer que non !

L'école sera inévitablement invitée à se réinventer, ne serait-ce que pour mieux comprendre les besoins de mobilité, les envies de créer de belles choses et ce, dès l'âge de 4 ans, ainsi que la nécessité de multiplier les alliances (entreprise-formation-communauté).

La pédagogie inversée, où l'élève apprend à la maison et fait ses devoirs en classe avec l'enseignant, lui conviendrait-il davantage ? À quoi ressemblera l'enseignement de demain ? Esquissons quelques possibilités :

- Former des citoyens d'abord.
- Personnaliser l'enseignement.
- Faire émerger la créativité.
- Favoriser la collaboration.
- Élaborer une vision citoyenne de l'école.
- Valoriser l'implication et l'apprentissage fondé sur la communauté.
- L'apprenant devient social : il passe du « moi » au « nous ».

Toutefois, la génération Alpha devra combattre ou faire face à un néolibéralisme axé sur un seul but : améliorer sa compétitivité. Dans un tel contexte, l'individu cesse d'être orienté vers l'égalité ou le bien collectif. On lui enjoint de devenir responsable de lui-même, de prendre soin de lui, mais pas des autres et encore moins des biens collectifs. Alors, on dira que le néolibéralisme nous promet la liberté. L'individu devient à ses propres yeux un simple capital humain à gérer avec le plus d'habileté possible.

Dans une telle situation, il sera impératif que les nouveaux parents offrent la possibilité d'un retour – ne serait-ce que partiel – à des valeurs dites du passé (engagement, loyauté, sacrifice, devoir), retour que nous pourrions qualifier d'urgent et de nécessaire. Un nouvel équilibre entre les valeurs verticales (appartenance, devoir, engagement, loyauté) et les valeurs horizontales (émotion, sentiment, divertissement, plaisir) apparaît essentiel. Nous croyons que nous prenons des décisions raisonnées, mais il se pourrait que nous nous contentions de répondre de façon automatique à des indices issus de notre environnement. Cette hypothèse est à mettre en parallèle avec les recherches montrant que dans l'accomplissement d'un choix, plus celui-ci est complexe, plus la pensée qui le conduit est non consciente et, trop souvent, alimentée par les opinions d'autrui.

Plus rien ne sera comme avant. Nous aurons devant nous de véritables mutants. Les jeunes enfants, échographiés en 3D avant leur naissance, ouvrent aujourd'hui les yeux dans un univers numérisé. Autour d'eux, partout, des écrans, des tablettes, des ordinateurs, des jeux vidéo dans lesquels ils plongent avec appétit, souvent même avant de savoir parler. Au risque d'apparaître passéiste, on ne peut s'empêcher de se demander ce que deviendront ces petites têtes nourries au numérique... Quelle peut être l'incidence de ce nouveau monde sur leur développement, leur intelligence, leur façon d'être et de penser ? Ce qui se passe sur Internet me touche profondément. Cela donne lieu à des dérives insupportables qui brisent l'être de l'intérieur : l'envie, l'échec, le rejet, la violence, la convoitise, la comparaison. J'en pense tout autant des émissions de téléréalité qui sont trop souvent la fabrique de l'extrême mauvais goût, de la honte, de la maladresse...

À chaque génération, tout se déroule encore plus tôt que pour la précédente. C'est-à-dire que ce qui s'est amorcé à 12 ans chez les Y, a peut-être débuté à 8 ans chez les Z et le fera encore plus tôt pour les petits Alphas qui évolueront dans un monde numérique à toute vitesse. Une réflexion s'impose à tous les parents, éducateurs, professeurs qui gravitent autour de l'enfant. Apprendre demande de la patience, de la répétition et surtout de l'attention.

Laisser l'Alpha vivre son enfance par l'exploration, vivre son adolescence par ses incertitudes, à son rythme, représente un défi pour tous les parents. Comme l'écrit l'anthropologue Serge Bouchard dans son livre *Les yeux tristes de mon camion* (Boréal, 2016) : « Décrire le mouvement des âmes demande une certaine attitude qui n'est pas étrangère à la routine, à la fidélité et à la répétition. Car l'âme est répétitive, elle aime les petits pas. »

Au risque de me répéter, les enfants ne sont ni libres ni heureux sans contraintes. Les parents de la nouvelle génération Alpha doivent mieux saisir les conséquences d'une éducation fondée sur la séduction, la culture de l'enfant-roi, la non-transmission de certaines valeurs et la permissivité dont ils ont été témoins. Depuis la génération Y, les parents ont une conception de l'éducation axée sur le dialogue et la souplesse, qui s'accorde mal avec le fait de devoir prendre des positions contraignantes face aux enfants.

Ces nouveaux parents doivent revendiquer la pertinence de certaines traditions et de l'enracinement face à un monde instable et précaire dominé par les images captives de la consommation de masse et des nouvelles technologies. Une transmission est nécessaire : « Vivre mieux avec moins. » Longtemps, cet éternel adolescent qu'est le Y, boudé par la génération des baby-boomers qui s'en méfient (paradoxalement, puisqu'ils en sont le plus souvent les parents), qui semble avoir définitivement remplacé le devoir par le droit, s'est contenté de jouir d'une permissivité agaçante. Est-ce que les Y, comme parents, agiront de la même façon avec leurs enfants ? La génération Y s'est parfois aventurée dans des domaines qu'elle maîtrisait mal et a toujours revendiqué et porté fièrement l'étendard de ses droits, se coupant ainsi de personnes dont elle espère pourtant la reconnaissance. Plutôt que de répéter les mêmes erreurs, réussira-t-elle à rétablir une cohésion entre les pensées et les actes ?

Une meilleure collaboration s'impose afin de faire face à l'emprise du « je » dans notre société. L'école n'est pas la continuité de la maison. La participation des enseignants à l'éducation des enfants est complémentaire. Il serait inconcevable de laisser les parents remettre systématiquement en question leurs connaissances, leurs compétences ou leurs décisions.

Il serait souhaitable que cette nouvelle jeunesse puisse s'exprimer sous des formes variées – orale, musicale, écrite ou manuelle – et imprime profondément sa marque dans l'esprit des générations futures. La capacité de prendre de la distance par rapport à l'immédiateté, privilège de la lente maturation, est de ce fait nécessaire. La culture de l'éphémère ne conduit-elle pas à l'oubli et à la fragilité ? Pour reprendre les propos de Charles Taylor, philosophe, éminent chercheur sur la formation de l'identité moderne et auteur du livre *Les sources du moi* (Boréal, 1998) : « la santé d'une société dépend de la qualité de ses conversations ». À méditer longuement !

Face à la surenchère de l'enfant-roi, à ces excès de convoitise, de consommation, de divertissement qui étouffent, nul besoin d'une nouvelle théorie, de nouvelles formules éducatives, ni d'un programme de réformes... Il faudrait plutôt une pause, le retour de certaines valeurs verticales – le temps de renouer avec le nous collectif. Durant les trois dernières décennies (1980 à 2010), le « je » l'a emporté sur le « nous », et le chacun-pour-soi a prévalu sur la générosité de soi, tant cette dernière a été honteusement manipulée par l'individualisme grandissant (« Que m'arrive-t-il à moi ? »). Si, dans ce monde qui reçoit ces nouveaux enfants, l'on ne réveille pas en soi les dimensions de partage, d'accueil de l'autre, de volonté – si nous l'on ne crée pas des enclaves de silence où la frénésie se trouve suspendue, où la permissivité rend sa place à la responsabilité –, on aura perdu le sens des vocations de père et de mère.

La réhabilitation du « nous » n'est pas l'unique message à considérer. Il est nécessaire de lui adjoindre d'autres convictions qui s'articulent les unes aux autres : l'attachement à la raison, la solidarité agissante, le respect du devoir, le savoir-vivre, etc. De tout cela, la société porte le deuil. Sera-t-il possible de restaurer, avec les Alphas, ce qui a été brisé, de réactiver des valeurs (dans la durée, dans la continuité, dans la retenue, dans les manières) sans lesquelles la famille est vouée à une sérieuse dérive ?

La génération Alpha en résumé :

- Née avec la première génération de tablettes numériques.
- L'écran comme prolongement de soi.
- Le savoir à portée de doigt (écrans tactiles).
- L'outil technologique remplace les jouets.
- L'auto-apprentissage.
- L'automatisation et la robotisation.
- L'intelligence artificielle.
- Vit tout plus rapidement et en accéléré.
- La famille en mutation.
- Des parents plus âgés.
- Une vie plus longue.
- La fracture numérique : une nouvelle lutte des classes ?

Tableau 1 - Les caractéristiques générationnelles de la vie personnelle, familiale, sociale et professionnelle

	GÉNÉRATION SILENCIEUSE	GÉNÉRATION DES BABY-BOOMERS	GÉNÉRATION X	GÉNÉRATION Y	GÉNÉRATION Z
Période	**1925-1944**	**1945-1963**	**1964-1978**	**1979-1994**	**1995-2010**
Poids dans la population canadienne (2014)	9,8 %	29 %	9,2 %	26 %	22 %
Part de la main-d'œuvre canadienne (2014)	0,2 %	29 %	33,4 %	35,4 %	2 %
Poids dans la population française (INSEE 2014)	12 %	26 %	19 %	22 %	21 %
Part de la main-d'œuvre française (INSEE 2014)	0,3 %	25,2 %	34,8 %	36,6 %	3,1 %
Périodes de vie	Enfant-travailleur Adolescent-responsable Adulte-résigné	Enfant-obéissant Adolescent-discipliné Adulte-plaintif	Enfant de la Révolution tranquille Adolescent-intuitif Adulte-moralisateur	Enfant-roi Adolescent-voyageur Adulte-revendicateur	Mi-enfant Mi-femme Mi-homme
Traits dominants	Musellement Incertitude	Convoitise	Désenchantement	Négociation Dialogue	Superficialité
Identification	Appartenance collective	Bohèmes bourgeois	Mobiles moraux	Yo/cool Ni-ni (ni résigné ni silencieux)	Mi-homme Mi-femme
Pensée	Religieuse	Rationnelle	Émotionnelle	Médiatique	Sélective
Faits	Tragique	Scientifique	Sociologique	Technologique	Numérique

	GÉNÉRATION SILENCIEUSE	GÉNÉRATION DES BABY-BOOMERS	GÉNÉRATION X	GÉNÉRATION Y	GÉNÉRATION Z
Période	**1925-1944**	**1945-1963**	**1964-1978**	**1979-1994**	**1995-2010**
Valeurs	Devoir	Culpabilité	Renoncement	Choix	Désirs
Quête	Survivre	Prospérer	Trouver son identité	Entrer en relation	Ressentir une émotion
Éducation	Protéger	Éduquer	Stimuler	Épanouir	Créer
Attitude	Se conformer	Se dédommager	Jouer	S'affirmer	Se distinguer
Verbe	S'assurer	S'approprier	S'éclater	S'afficher	Se connecter
Expression	Je dois	Je prends	Je ressens	J'y ai droit	Je suis
Confort	Fonctionnel	Luxe	Liberté	Évasion	Virtuel/influenceurs
Culte	Servir	Gagner	Réaliser	Paraître	Se démarquer
Savoir	Savoir-faire	Savoir-faire-faire	Savoir-être	Faire savoir	Je crois savoir
Bonheur	Prendre soin de sa famille	Réussir professionnellement	Être autonome	Créer des liens	Flirter avec l'interdit
Comportement	Discret	Famille élargie	Famille restreinte	Égoïste	Amical
Réseau	Familial	Quartier, paroisse	Région, pays	International	Monde virtuel
Communication	Réservée	Auditive	Expressive	Visuelle	Visuelle
Information	Conservatrice	Rationnelle	Intuitive	Séduisante	Jugement critique
Santé	Insouciance	Auto-surveillance	Psychotrope	Prévention	Puberté précoce
Affronter la vie	Sacrifice	Recherche un coupable	Apitoiement	Victime des circonstances Nousnepaieronspasvosdettes.com	Vivre intensément sans limites

	GÉNÉRATION SILENCIEUSE	**GÉNÉRATION DES BABY-BOOMERS**	**GÉNÉRATION X**	**GÉNÉRATION Y**	**GÉNÉRATION Z**
Période	**1925-1944**	**1945-1963**	**1964-1978**	**1979-1994**	**1995-2010**
Liberté	Contraintes sur le corps	Pouvoir légitime	Renverser l'ordre des choses	Échapper à la contrainte, moi sans entraves	Complètement décomplexée
Société	Juste le droit d'exister	Société du devoir	Société du désir	Société de l'exigence (coaching pour tous)	Société du paraître
Sens de la vie	La famille d'abord Devoir de procréer	Mes avoirs d'abord	Mon espace et mes loisirs d'abord	Moi d'abord Condamné à plaire Être reconnu	Préfère-moi d'abord Devoir de jouir
Culture	Règle, abstinence	L'art comme source de profit	Le temps libre Se différencier par des choix	Interdit d'interdire Jouer sur la flexibilité des idées et des valeurs Le progrès technologique	Entertainment Héros d'un jour
Motivation	Écouter ses récits	L'avoir produit de l'être	L'urgence d'être « dans le vrai »	Mobiliser ses émotions Être admiré ou craint	Se métamorphoser
Identité	L'humilité	L'excès	Opinion d'experts	Subjective	Multiple
Amour	Arrangement Stabilité	Aime-moi longtemps	S'engager à le faire exister	Aventures éphémères Plaisirs avant tout	Je cherche quelqu'un quelque part
Exister	Être utile à quelqu'un	Préserver ses acquis	Du temps pour soi	Identité visible	Fais-moi rêver
Connaître	Plus on connaît, plus on aide	Plus on connaît, plus on prend	Plus on connaît, plus on vit	Plus on connaît, plus on aime, plus on achète	Plus on connaît, plus on invente

	GÉNÉRATION SILENCIEUSE	GÉNÉRATION DES BABY-BOOMERS	GÉNÉRATION X	GÉNÉRATION Y	GÉNÉRATION Z
Période	**1925-1944**	**1945-1963**	**1964-1978**	**1979-1994**	**1995-2010**
Argent	Économiser	Prévoyance	Expansion	Bénéficier des loisirs	Voyager
Définition du travail	Centralisé Hiérarchique	Organisation des tâches Pour qui on travaille ?	Mobilisation en équipe Une vision claire du travail à accomplir Besoin d'accroître leurs responsabilités	Aventure Expérience Ambiance Pourquoi on travaille ?	Renforcer le lien social
Carrière et profession	Saisir les occasions à long terme	Stabilité Continuité	Être quelqu'un dans l'entreprise	Traitement équitable Saisir les occasions à court terme	Récompenses constantes
Confiance et compétence	Respect des aîné(e)s	Organisation démocratique	Considération soutenue	Donner son opinion	Attention soutenue
Éthique du travail	Principe de bienveillance	Principe des acquis	Principe de moralité	Principe de discussion	Principe de plaisir
Attitudes et valeurs	Honneur Sacrifice	Équipe Orientation ciblée	Sceptique Indépendant	Confidence Diversité	Plus sélective qu'excessive
Relation avec l'organisation	Loyale à la communauté	Loyale à l'organisation	Loyale à l'équipe	Loyale à elle-même	Loyale à un mentor
Style au travail	Linéaire	Structuré	Souple	Fluide	Sois cool

	GÉNÉRATION SILENCIEUSE	GÉNÉRATION DES BABY-BOOMERS	GÉNÉRATION X	GÉNÉRATION Y	GÉNÉRATION Z
Période	**1925-1944**	**1945-1963**	**1964-1978**	**1979-1994**	**1995-2010**
Comportement	Stable	Accent sur la relation	Versatile	Ouverture à la différence	Ouverture sur le monde
Règles	Suivre les règles	Défier les règles	Changer les règles	Réinventer les règles	Encadrer les règles
Relation avec l'autorité	Respecter la hiérarchie	Mettre au défi l'autorité	Respecter une autorité engagée	Respecter une autorité compétente	Suggérer plutôt qu'obliger
Leviers de la mobilisation	Engagement reconnu Entraide	Reconnaissance de conformité Santé et bien-être	Style et accessibilité du gestionnaire Conciliation vie personnelle et vie professionnelle	Reconnaissance de distinction Perspectives de carrières soutenues	Renforcement ponctuel Goût réel du collectif
Communication	Communication partagée	Communication transmission	Communication concertation	Communication négociation	Communication Réciprocité
Leviers de la motivation	Une tâche accomplie	Améliorer le pouvoir d'achat	4 jours sur 5 au travail	Multiplier les opportunités	Proposer des possibilités à l'international
Leviers de la confiance	Donnez-moi ma chance	Accès à de nouvelles possibilités	Demandez-moi mon opinion	Gravir les échelons rapidement	Promouvoir des échanges équitables

* Les découpages retenus pour identifier les générations sont loin d'être homogènes. Les chiffres varient selon les âges d'après les références (statistiques, ouvrages) consultées pour établir le pourcentage de la population par génération.

DEUXIÈME PARTIE

LE CHOC

On peut tout imposer à la société, sauf ce qui a une conséquence. Faire un meilleur avenir avec les éléments élargis du passé.

Johann Wolfgang Goethe

Toutes les générations sont soumises à des tensions verticales, dans toutes les époques et dans la totalité des espaces de civilisation. Chaque fois que l'on rencontre des représentants de chaque génération, ils sont intégrés à des champs de réalisation et des classes liés à un statut hiérarchique.

Dans cet ouvrage, les dimensions de verticalité et d'horizontalité ont un sens éthique et non une signification géométrique. L'horizontalité symbolise ainsi la mobilité et l'instantanéité ; la verticalité, le niveau hiérarchique et le devoir de responsabilité.

Chaque génération se construit en prenant le contrepied de celle qui l'a précédée. Parce qu'elle mesure les excès de la précédente, une nouvelle génération déclenche un nouveau cycle idéologique qui se déploie et se corrompt au fil des décennies, jusqu'à freiner le grand renversement des valeurs. Comme si le contrat idéal entre l'individu et le groupe, à mi-chemin entre les deux extrêmes, le trop-plein de liberté et le trop-plein d'autorité, était impossible à trouver, et que chaque génération était réduite à osciller d'un excès à l'autre, au rythme de l'alternance entre les règles et les compromis.

Que s'est-il passé pour qu'il semble justifié de dire que nous vivons un choc générationnel ? Et de quoi parlons-nous au juste lorsque nous faisons référence à ce choc ?

Deux phénomènes majeurs sont à l'origine du choc des générations : d'une part, un changement profond de paradigme concernant les valeurs et les croyances, né d'un glissement progressif d'une société verticale fondée sur la hiérarchie, ordonnée autour de l'Église, de l'État et de la famille, et axée sur le « nous », vers une société horizontale prônant l'individualisme, le dépassement de soi, la mobilité, et axée sur le « je ». De ce changement de paradigme découle une série de sous-phénomènes qui modifient profondément les rapports entre les individus comme la vie en société. D'autre part, nous assistons, avec l'avènement du numérique, à une révolution comparable par son ampleur à celle qu'ont vécue les hommes et les femmes de la Renaissance avec l'arrivée de l'imprimerie. Cependant, d'un univers matériel, nous passons à un univers immatériel. De ces diverses réalités résulte un choc générationnel sans précédent.

Du « nous » au « je »

L'épanouissement de soi est devenu un objectif commun à la plupart des nouvelles générations. S'aimer, s'estimer, être heureux et épanoui, voilà des mots que l'on entend régulièrement dans les conversations. Les gens de la génération silencieuse, nés avant la Seconde Guerre mondiale, s'intéressaient peu ou pas à leur épanouissement. Ils avaient, si l'on peut dire, d'autres chats à fouetter. En fait, il y a quelques décennies encore, s'intéresser à soi représentait un luxe qui n'était pas à la portée de tous. La montée de l'individualisme associée à un enrichissement matériel ont permis de hisser la quête de soi au rang de valeur fondamentale dans la société occidentale. Pour illustrer mon propos, faisons une brève incursion dans l'histoire.

D'UN MONDE VERTICAL À UN MONDE HORIZONTAL

Le génie, même le grand talent, vient moins d'éléments intellectuels et d'affinement social supérieurs à ceux d'autrui, que de la faculté de les transformer, de les transposer.

Marcel Proust

Dans le monde hiérarchisé d'autrefois, par exemple celui des sociétés féodales du Moyen Âge en Occident, le seigneur avait droit de vie ou de mort sur ses sujets qui ne survivaient que par sa bonne volonté. L'espérance de vie était courte pour ces hommes et ces femmes, pour la plupart des paysans dont la principale préoccupation était d'assurer leur subsistance et leur reproduction. La notion d'une individualité propre n'existait pas, et tous devaient d'abord travailler pour la survie de la famille, de la communauté et du seigneur, lui-même soumis à un souverain : pour le peuple, le « nous », entité collective, l'emportait sur tout. Aux côtés du pouvoir qui faisait régner l'ordre, l'Église régissait les mœurs. Prier pour garantir son salut était, avec l'engagement envers son roi, l'acte de foi suprême en Dieu. La société obéissait à un mode de fonctionnement hiérarchique, donc vertical.

Seules exceptions à cette règle : les élites et les artistes. Ces deux groupes sont les premiers construits autour d'une obligation d'incertitude. Les puissants devaient guerroyer et établir leur suprématie pour régner et s'enrichir, et les artistes, eux, devaient se déplacer de ville en village pour espérer vivre de leur art. Bien que leur situation ait pu être différente (les premières jouissant de privilèges de toutes sortes et d'une existence moins ardue que les seconds qui vivaient en majorité dans la précarité), tous deux avaient la nécessité de créer leur vie, d'en définir les contours sans jamais être sûrs de rien.

À compter du XIVe et du XVe siècle de notre ère, un changement de perspective apparaît en Occident. Un fort courant d'idées conçoit en effet l'individu comme un être libre et responsable. À lui seul revient désormais la charge de concevoir et d'assumer sa destinée, sans l'intervention de normes dictées du dehors. C'est le début de la montée de l'individualisme. Dans le sens sociologique du terme, l'individualisme est perçu comme l'expression de l'autonomie individuelle. Libéré des règles et des normes collectives et des pouvoirs traditionnels, l'individu décide seul de son destin. Un processus de libération s'amorce. C'est le début de la modernité.

Au fil des siècles, avec l'avènement de la démocratie, cette quête d'autonomie prend de l'ampleur et permet peu à peu à l'individu, au « je », de prendre le pas sur le collectif, le « nous ». L'individu s'émancipe progressivement de toute forme de contrôle et de pouvoir. À cette montée de l'individualisme se juxtapose l'avènement de la société industrielle qui propulse l'individu hors de son village et de sa communauté pour le transplanter en ville. Au XXe siècle, l'individualisme se renforce. Les années 1960 se caractérisent par la naissance d'une société qui veut plus de liberté, moins de contraintes, moins de morale, et qui lutte contre les conventions et les restrictions, qui influenceront très fortement la génération des baby-boomers.

Mai 68 en France marque un tournant dans l'histoire : son slogan, « Il est interdit d'interdire », se fait l'écho d'un individualisme qui se généralise grâce aux médias notamment. C'est le début du consumérisme et du capitalisme axé sur le service : il faut satisfaire le client. Le philosophe Slavoj Zizek résume à merveille ce qui s'est produit à cette époque dans son ouvrage *Vivre la fin des temps* (Flammarion, 2011) : « Ce qu'on vit dans le sillage de 68 fut l'émergence d'un nouvel esprit du capitalisme... À la place d'une chaîne de commande hiérarchique-centralisée, il y a maintenant des réseaux impliquant une multitude de participants, où le travail est organisé en équipes ou en projets, avec une mobilisation générale des travailleurs dédiés à la satisfaction du client grâce au talent visionnaire de leurs dirigeants. »

Ainsi, une révolte contre les organisations sociales oppressives a été enclenchée avec comme prédominance la qualité de l'expérience. Dans la foulée de Mai 68, la hiérarchie des valeurs qui soutenait la société s'est effondrée, et l'artiste, le poète, le voyou, le bohème sont venus nourrir la vie en son centre.

Les années 1980 donnent le coup de grâce aux grandes idéologies politiques qui prônent un modèle de société collectif structurant. C'est à cette époque que tout se dérègle (rupture avec la tradition). La société se durcit. Les inégalités se creusent. L'hypermodernité a remplacé la modernité. Les régimes communistes s'effondrent et le capitalisme triomphe avec la globalisation des marchés. C'est ainsi que se déroule la jeunesse de la génération X, profondément marquée par ces événements. L'individu est désormais seul face... à lui-même et aux autres. Les autodidactes et les travailleurs indépendants se multiplient. La compétition, la cupidité, la comparaison, les trois « C » de la société marchande, triomphent sans égard aux valeurs humanistes dites « collectives ». L'existence humaine devient donc plus chaotique, moins rassembleuse et, les structures familiales se décomposent. Le chacun pour soi s'invite dans tous les aspects de la vie quotidienne.

À partir des années 1990, on assiste à une inquiétante fragilisation des liens intimes et à une déstabilisation émotionnelle de l'individu. L'hyperconsommation a remis en cause toutes les formes de socialisation qui, autrefois, lui donnaient des repères. Dans les années 2000, les médias fixent les priorités morales, qui ne comportent ni obligations ni sanctions. La logique du monde est axée sur la compétition. Et, à divers degrés sur la planète, l'obligation d'être soi, ce mode d'existence libre et précaire, accompli ou non, est dorénavant l'apanage de toutes les générations.

De nouvelles conditions de vie

À cette montée de l'individualisme expressif se sont greffés d'importants changements de nos conditions de vie, liés en grande partie à l'essor économique de l'Occident. D'un monde de paysans puis d'ouvriers, notre société s'est muée en un monde de services et, aujourd'hui, en un monde numérique hautement technologique. Du corps, instrument essentiel de la survie de la majorité des individus qui travaillaient la terre ou actionnaient des machines, nous sommes passés à la tête et à la nécessité de recourir à la double intelligence : rationnelle et émotionnelle.

Au cours de ma carrière, j'ai pu moi-même observer de très près cette évolution de l'économie vers le secteur tertiaire. Entre 1986 et 1995, le monde du travail ainsi que la vie privée des travailleurs étaient centrés sur les notions et les conditions objectives de la vie (effort, rationalité, performance, acquisition, statut social, matérialité soutenue). Rien ou presque ne laissait place aux émotions, aux sentiments, aux notions et aux conditions subjectives (moment présent, temps libre, sentiment, instantanéité). Le corps devait servir à produire, à bâtir et à exécuter. Il était presque interdit de se plaindre. Les discussions tournaient autour de l'ergonomie et de la santé au travail, et des douleurs physiques. Étant impliqué dans le monde du sport par la pratique du marathon, du triathlon, des épreuves d'endurance, je partageais évidemment cette idée de l'importance de bouger et d'introduire dans la vie quotidienne, à raison de trois à quatre séances par semaine, un sport cardio-vasculaire. Mes interventions avaient lieu principalement dans les secteurs manuels (par exemple, aluminerie, aciérie, pâtes et papiers, hydro-électricité, mines, construction, textile, automobile, transports). Dans le cadre d'activités tenues annuellement, les travailleurs étaient invités à faire une réflexion sur leurs attitudes et leurs comportements dans les tâches qu'ils accomplissaient au quotidien. Mon rôle était d'abord de les sensibiliser à la santé, à la sécurité et au bien-être au travail.

Puis, vers 1995, un sujet a pris peu à peu une place considérable dans les entreprises et dans la société en général : le stress. Les travailleurs, les cadres, les chefs d'entreprise subissaient les contrecoups de la mondialisation qui a engendré une compétitivité et une productivité accrues. Pour maintenir leur niveau de rendement et de performance, bon nombre d'entreprises en Occident ont procédé à une rationalisation du personnel et lui ont imposé une charge de travail plus lourde. Il fallait faire plus avec moins. Minés par le stress, la fatigue, le découragement et le manque de reconnaissance des organisations, de nombreux travailleurs, à tous les échelons, ont été victimes d'épuisement professionnel. Le stress n'était pas seulement lié à la tâche, à la posture, à l'environnement de travail, mais aussi à la communication dans l'entreprise et à la relation avec l'autre : le personnel voulait être entendu et reconnu et non plus suivre aveuglément les ordres d'une hiérarchie préoccupée uniquement par la rapidité des opérations et les bénéfices. Le pouvoir jusque-là vertical commençait à s'effriter au profit d'une structure plus horizontale.

Ce virage a été amorcé par les baby-boomers (1945-1963), dont les revendications visaient à revoir les conditions de travail et à obtenir plus d'autonomie ainsi qu'une meilleure éducation. Encouragée par l'élan des boomers, la génération X, habitée par des promesses de réalisations illimitées, née dans les années 1960 et 1970, revendiquait le droit de s'exprimer et de disposer de plus de temps pour la famille et les loisirs. Dans la perspective de la montée de l'individualisme, elle aspirait aussi à des rapports moins hiérarchiques, à de nouvelles conditions de travail plus valorisantes qui tenaient compte des opinions et des revendications de chacun. Les rencontres pour traiter de santé et sécurité devenaient chose du passé.

À partir des années 2005-2010, l'arrivée progressive de la génération Y (1979-1994) dans le monde du travail imposait à son tour une nouvelle donne : les émotions, les sentiments, les rêves et autres notions subjectives de l'existence étaient devenus le centre des préoccupations des salariés. L'apport considérable des valeurs féminines (bien-être, dialogue, écoute active, expression, évasion, équité), qui commençaient à concurrencer les valeurs masculines (autorité, confrontation, éthique, hiérarchie, performance), conjugué à une volonté d'établir un équilibre entre la vie privée et la vie professionnelle nécessitaient d'autres règles du jeu.

L'hyperindividu

Le processus d'émancipation qu'est l'individualisme a un prix, et celui-ci est très élevé. Cette « idéologie de la réalisation de soi-même », selon l'expression de Vincent de Gaulejac (*Qui est « je » ? Sociologie clinique du sujet,* Seuil, 2009), qui s'est peu à peu imposée comme une norme sociale, suscite chez un grand nombre d'individus une angoisse existentielle diffuse et profonde.

Mais d'où proviennent cette angoisse, ce mal de vivre, ce stress qui nous saisissent tous à plus ou moins grande intensité ? La réponse est à la fois complexe et multiple. Au-delà de la simple condition humaine – réponse un peu facile et insatisfaisante –, c'est en partie dans l'« hypermodernité », terme évoqué précédemment et employé par des philosophes et des sociologues pour désigner l'ère de changement accéléré et d'hyperconsommation dans laquelle nous vivons (le nom de Gilles Lipovetsky, philosophe et essayiste français, reste notamment associé aux concepts d'hypermodernité et d'hyperindividualisme), qu'il faut chercher un début d'explication.

Aujourd'hui, l'individu veut faire de sa vie une réussite sur tous les plans. Pour reprendre l'expression de l'écrivaine Marguerite Yourcenar dans *Les yeux ouverts. Entretiens avec Mathieu Galley* (LGF, 1990) : « Il veut explorer les moindres possibilités de l'existence, tout essayer, tout goûter, tout voir et surtout faire le tour de son jardin avant de mourir. » Par ailleurs, l'individu est aussi en lutte pour se faire une place, *sa* place. Car à la lutte des classes s'est substituée la lutte des places, selon l'expression de Vincent de Gaulejac. Il ne s'agit plus seulement de se dire, pour reprendre l'expression de Socrate, « Connais-toi toi-même », mais aussi de connaître « sa place ». Et c'est à cette lutte des places que se livrent désormais les nouvelles générations.

L'obligation, l'urgence de s'accomplir, trouve sa résonnance la plus forte dans les signes extérieurs. La quête de soi passe d'abord par la construction de son image extérieure à laquelle temps et argent sont consacrés. Pour se plaire mais aussi pour plaire à l'autre – ou encore le supplanter –, l'individu entend décrocher le meilleur diplôme, le meilleur emploi et se perfectionner sans cesse. Pour afficher sa réussite mais aussi par souci de se distinguer, il se lance dans l'achat frénétique d'objets de toutes sortes : automobile, maison, chalet, cellulaire, ordinateur portable, tablette numérique, etc. L'individu vit en dehors de lui-même, happé par mille désirs que lui suggère la société d'hyperconsommation.

Faisons la distinction entre un besoin et un désir. Un besoin est une nécessité, alors que l'objet du désir est quelque chose de souhaitable mais de non vital. Les besoins sont limités, les désirs, eux, sont exponentiels. Ce sont les désirs, d'ailleurs, que les publicitaires et experts en marketing exploitent. Nous devenons bons quand la raison en vient à commander et que nous ne sommes plus dominés par nos désirs.

Être soi dans un monde horizontal

Ce passage d'une société verticale à une société horizontale, du « nous » au « je », que nous sommes en train de vivre va en s'accélérant et touche particulièrement les nouvelles générations. Comme le précise le philosophe Richard Millet dans son ouvrage *La fatigue du sens* (Pierre-Guillaume de Roux, 2011) : « [...] à l'ère du faux, la spécialisation à outrance, la segmentation, l'expertise perpétuelle signalent la chute dans l'horizontalité : une fragmentation de la vérité qui ne se donne plus qu'en miroir ». En Occident, par exemple, une distance sérieuse a été prise avec les institutions religieuses et étatiques. La famille, éclatée ou recomposée, n'est plus le refuge sécurisant d'antan, et se limite généralement à la cellule nucléaire. Les amis, les réseaux sociaux et les experts certifiés ainsi que les stars du petit et du grand écran, sont aujourd'hui les nouveaux repères et les modèles à imiter.

L'hypermodernité a aussi engendré dans son sillage le désengagement à différents niveaux. Elle a autorisé les pires excès et la montée en puissance de la non-culpabilité (« il y a un coupable quelque part qui n'est pas moi »). Philippe Muray, dans son livre *Festivus Festivus* (Flammarion, 2008), écrit : « Je me demande au bout de combien de contraintes il n'y a plus de société du tout, absolument incapables d'assumer la moindre responsabilité, de se regarder comme comptables du moindre de leurs gestes. "C'est pas ma faute" était une expression habituelle aux enfants ; c'est aussi devenu celle des adultes. »

Comme le montre le tableau 2, inspiré par la théorie de Bauman et tiré des ouvrages *Le présent liquide* (Seuil, 2007) et *La société assiégée* (Le Rouergue/Chambon, 2005), nous vivons de plus en plus à l'ère de la modernité liquide (expression empruntée à Zygmunt Bauman, un des sociologues les plus importants de notre époque) où tout n'est que fluidité et changement. L'ère des structures sociales établies, du collectif, de la hiérarchie, du long terme, de la stabilité et de la permanence est révolue.

L'individu incertain, selon l'expression d'Ehrenberg, navigue dans un monde flou et virtuel, à travers les réseaux sociaux où il tisse mille liens, exposant les moindres recoins de sa vie au regard et au jugement de l'autre. C'est ce que l'on appelle le phénomène de l'*extimité*: un soi intime que l'on expose aux autres afin de mieux se connaître. L'autre aide à se définir et à assouvir sa quête de soi. Une forme d'introspection rapide qui dispense d'une trop longue recherche intérieure (Serge Tisseron, *L'intimité surexposée,* Hachette, 2003)... du moins, à court terme. Car la société horizontale est celle de l'instant. Vivre à fond le moment présent, sans se soucier d'hier ni de demain. Cette nouvelle société cultive la facilité, la permissivité et la recherche des plaisirs immédiats. Plus encore, comme l'affirme Benjamin Barber dans son ouvrage *Comment le capitaliste nous infantilise* (Fayard, 2007) : « Le "facile", simple et rapide privilégie le jeu aux dépens du travail – et il est encouragé par l'éthos infantiliste.»

Tableau 2 - De la société verticale à la société horizontale

SOCIÉTÉ VERTICALE OU SOLIDE	SOCIÉTÉ HORIZONTALE OU LIQUIDE
L'homme qui pense, qui juge, qui évalue	L'homme joyeux qui dépense, qui consomme
Être debout	Être assis, couché
Le « nous »	Le « je »
La stabilité et la permanence	L'instabilité et le changement
Le patriarcat	Le matriarcat
La hiérarchie	L'égalité
Le groupe d'abord	L'individu d'abord
La discipline, la rigueur	La conciliation, l'opinion
L'ordre	La coopération
Les appréciations à long terme	Les appréciations à court terme
La loyauté, le dévouement, l'entraide	La liberté, le bien-être, l'épanouissement
Trois repères : l'Église, l'État, la famille	Trois repères : les célébrités, les experts certifiés, les réseaux sociaux
Les valeurs, les règles	Les options, les droits
Les structures sociales	La mobilité sociale
Les frontières, l'État-nation	Les citoyens du monde
Un monde balisé et prévisible	L'aventure, l'évasion, l'imprévu
La foi	La quête de soi
Les certitudes	L'ambivalence, le flou
Culture de culpabilité	Culture de choix
Réussir dans la vie	Réussir sa vie
Le rationnel	Les émotions
L'intimité	L'extimité
Le principe d'autorité	Le principe de discussion
L'éthique du devoir	L'éthique du bien-être
Le registre moral	Le registre thérapeutique (se soigner)
L'insécurité permanente	Prisonnier du regard de l'autre
Présent dans le passé	Présent dans le présent
Le règne de l'objectivité	Le règne de la subjectivité
Devoir de procréer	Devoir de jouir
Pensée méditante	Pensée calculante

Cette absence d'ancrage dans le collectif, dans le « nous » et dans des structures établies, si elle répond à un certain besoin de liberté, laisse l'individu seul et isolé. Celui-ci nage dans un monde liquide où il espère ne pas se noyer dans… ses émotions. L'intériorité et la foi, autrement dit la pensée méditante de jadis – en opposition à la pensée calculante hypermoderne dont la seule logique est toujours plus, toujours plus vite, toujours plus loin, toujours plus d'envies –, lui échappent au profit de la plus grande aventure qui soit : la réussite de *sa* vie. Il a toujours des repères, mais ils sont flous et incertains. Ses amis Facebook le resteront-ils longtemps ou cliqueront-ils un jour ou l'autre, pour une raison inconnue, sur le bouton « Retirer de la liste d'amis » ? Son coach de vie lui apportera-t-il les réponses à ses lancinantes questions existentielles ? Et à quel prix ? Cette vedette du show-business, cet entrepreneur américain célèbre lui donneront-ils la recette du succès ? Rien n'est moins sûr. Se construire pour l'individu hypermoderne est une chose difficile. Selon Bauman, tel qu'il l'affirme dans *La vie en miettes* (Hachette, 2003) : « On est condamné à n'être jamais certain de savoir si ses propres sensations satisfont les critères (…) » Les nouvelles générations, c'est-à-dire les X, les Y, les Z et les Alphas, vivent donc dans un monde plus complexe, plus permissif, plus accéléré, plus marginalisé que les générations antérieures.

Le besoin impératif de s'accomplir

Cela dit, ne soyons pas pessimiste. Si l'individu semble déboussolé, stressé, angoissé et malade, centré d'abord sur sa réussite extérieure, il n'a pas pour autant renoncé à son intériorité.

Au contraire, cette quête qui semble si importante dans notre société semble participer, de ce désir de s'enraciner en soi-même, de s'apprécier en tant qu'être humain, de fonder ses valeurs sur un socle solide et de trouver un sens à sa vie afin de faire face au monde changeant et rapide qui est le nôtre. En fait, il s'agit d'un besoin d'actualisation que partagent nombre de nos contemporains. Oui, un besoin, aussi vital que de celui de boire, de manger et de se reposer. Déjà, la génération X a donné le ton en précisant son besoin, vital pour elle : l'urgence d'être dans le vrai.

Le psychologue américain Abraham Maslow (1908-1970) a développé sa théorie sur la motivation humaine et la hiérarchie des besoins dans un article publié en 1943 (*A Theory of Human Motivation*), puis dans l'ouvrage *Motivation and Personality* (1954, 1970). Il a été le premier à montrer comment s'opère le processus d'actualisation de soi. Établi dans les années 1940, cet ensemble des besoins des individus est toujours d'actualité. Selon lui, il en existe six types.

Lorsqu'un besoin est satisfait, il est remplacé par un autre. Il faut commencer par la base, il n'y a pas d'autre option que de satisfaire ses besoins fondamentaux. Pour survivre, l'individu doit d'abord boire, se nourrir, se vêtir et se loger. Une fois ce besoin satisfait, il doit se protéger contre les divers dangers extérieurs qui le menacent. Il s'agit d'un besoin de sécurité et de préservation des acquis. Vient ensuite le besoin d'amour (affiliation, appartenance, approbation, attachement, etc.). Pour être heureux, les biens matériels ne suffisent pas : l'individu veut se sentir aimé et accepté par ses proches et par la communauté dans laquelle il vit. Le besoin d'estime de soi en est le prolongement : tout individu aspire à être reconnu comme une entité à part entière dans les groupes auxquels il appartient. C'est le regard de l'autre posé sur soi. La quête de l'estime de soi se situe dans les niveaux supérieurs de la hiérarchie, au quatrième échelon. L'échelon suivant est le besoin d'actualisation qui fait référence à la nécessité de développer son plein potentiel. Les besoins matériels et relationnels étant comblés, l'individu peut enfin réaliser son besoin d'accomplissement de lui-même au moyen d'une cause ou d'une œuvre, par exemple. Cette hiérarchie culmine avec le besoin de transcendance (besoins altruistes, esthétiques, ou des besoins de vérité.)

La théorie de la motivation humaine de Maslow nous aide à comprendre les besoins qui animent les individus. En Occident et dans d'autres régions du globe, grâce aux progrès matériels et technologiques accomplis, nombre d'individus situent leurs besoins dans les niveaux supérieurs de la hiérarchie. Ce n'est pas le cas par exemple dans certains pays africains où tant de gens meurent encore de faim, victimes de la sécheresse ou de la guerre. La quête de l'estime de soi n'existe pas pour eux : ils sont en mode de survie, comme l'étaient les paysans sous le régime féodal. Avec le développement économique, les pays comme la Chine, le Brésil et l'Inde semblent désormais pouvoir se hisser au-dessus des besoins fondamentaux, mais seule une minorité de gens peut pour le moment accéder au sommet.

Cette hiérarchie des besoins est aujourd'hui remise en question. Parmi les critiques adressées à Maslow, certains arguent que ces différents besoins sont tout aussi importants les uns que les autres et que ce modèle ne s'applique qu'à la société occidentale. D'autres encore ont fait remarquer que les besoins ne respectent pas nécessairement une telle hiérarchie, que des individus ayant un statut précaire pouvaient, par exemple, être en quête d'un accomplissement ou encore ne pas désirer accéder à un tel niveau. Inversement, un divorce, un accident, un revers de fortune peut ramener un individu parvenu au sommet au premier échelon de la pyramide. Une sombre perspective qui nourrit d'ailleurs les angoisses de bien des gens. Plus intéressante encore est cette révision de la théorie qui consiste à ajouter un autre besoin à la pyramide : le besoin d'éternité ou d'immortalité. Il appert en effet que de plus en plus d'individus sont en quête d'une jeunesse éternelle ou tentent de gagner du temps en utilisant des produits de beauté aux propriétés rajeunissantes et en recourant à la chirurgie. Mais s'agit-il réellement d'un besoin ? N'est-ce pas plutôt un désir vieux comme l'humanité d'arrêter le temps ? À moins de vouloir laisser sa marque pour la postérité comme inventeur ou écrivain, une personne dotée d'une bonne estime d'elle-même refusera de tomber dans ce piège.

En fait, peu importe ses limites, Maslow nous montre comment tout individu ayant comblé ses besoins matériels et relationnels peut potentiellement vouloir accéder à un certain accomplissement. Le chemin s'effectuera peut-être avec des allers-retours aux différents échelons, mais tôt ou tard, il mènera au besoin d'accomplissement de soi.

La société de l'œil

L'influence du regard de l'autre est incontestable et constamment nous y sommes soumis. En fait, nous vivons dans ce que j'appellerais une société de l'œil, par opposition à une société de l'oreille. Au Moyen Âge et jusqu'à une période récente, le silence était de rigueur en plusieurs lieux et circonstances, et une large place était faite à l'écoute. L'oreille prédominait sur l'œil. En Occident, l'Église constitue sans aucun doute le meilleur exemple d'institution liée à une société de l'oreille. Lieu de silence et de prière, l'Église rassemblait les fidèles qui pouvaient pendant un instant se tourner vers eux-mêmes. Le service dominical permettait d'arrêter le flux des activités quotidiennes et d'entrer dans une dimension plus spirituelle de l'existence. Si besoin était, une oreille bienveillante attendait le fidèle dans le confessionnal où il serait absous de ses péchés, petits et grands. À la maison, la famille était là, le père et la mère, et il fallait tendre l'oreille lorsqu'ils parlaient.

Aujourd'hui, dans la société hypermoderne, l'œil règne en maître. Tout est évalué, jugé et soupesé. Tel un Big Brother invisible, le regard de l'autre dicte notre conduite. Nous vivons en grande partie à l'extérieur de nous-mêmes. Les moments consacrés à soi sont rares et souvent arrachés à un emploi du temps fort chargé. Écouter et être écouté est souvent un luxe que l'on s'accorde auprès d'un psy ou d'un coach, et non plus d'un parent ou d'un ami.

Nombre de philosophes ont évoqué la notion de société du spectacle (Guy Debord en tête, *La Société du spectacle*, Gallimard, Paris, 1996) pour décrire l'environnement dans lequel nous vivons. Rien ni personne n'échapperait ainsi à cette société où tout est mis en scène, les êtres humains comme le moindre gadget. Société de consommation oblige. Nous regardons et nous sommes regardés. Comme le précise Jean Baudrillard dans son ouvrage *Le pacte de lucidité ou l'intelligence du mal* (Galilée, 2004), « (…) de l'information nous sommes les otages, mais aussi nous nous en donnons le spectacle, la consommation spectaculaire, sans égard pour sa crédibilité ». Les frontières entre la vie publique et la vie privée sont ténues. Internet aurait contribué à accentuer davantage cette tendance qui fait désormais loi. Toute photo publiée sur Internet, par exemple sur Facebook et LinkedIn, appartient au domaine public. Seule solution : verrouiller les paramètres de sécurité dans son profil public afin de préserver un peu d'intimité et de marquer une frontière avec le monde extérieur.

La société de l'œil a pris des dimensions auxquelles nul ne peut échapper aujourd'hui. Ne l'oublions pas : nous sommes une société sous surveillance. Avec l'avènement de la modernité est né le besoin de sécurité pour protéger les biens et les citoyens dans une société en pleine croissance économique. Dans la société hypermoderne, le besoin de sécurité généralisé, surtout depuis l'attentat du 11 septembre 2001, a pris le pas sur l'anonymat en territoire urbain. Et les attaques terroristes récentes en Occident continuent d'alimenter ce besoin de sécurité. À l'aéroport, dans le métro, à l'épicerie, au guichet automatique, à la station-service, dans les ascenseurs, des caméras discrètes sont braquées sur nous nuit et jour.

Au fond, nous ne sommes pas libres, et nous le savons... Nos gestes sont épiés et soupesés. Et ce regard module tout notre être. Pour un des plus grands penseurs contemporains, Charles Taylor (*Les sources du moi. La formation de l'identité moderne*, Boréal, 1998), « notre démarche, nos gestes, notre façon de parler changent dès que nous prenons conscience de paraître devant autrui, d'habiter un espace public, et que cet espace est potentiellement celui du respect ou du mépris, de l'orgueil ou de la honte. Notre façon de nous mouvoir exprime la façon dont nous percevons que nous jouissons ou non de ce respect, dont nous arrivons ou non à l'imposer. »

GÉNÉRATIONS EN CRISE

Personne ne rend à sa génération un service plus grand que celui qui, soit par son art, soit par son existence, lui apporte le don d'une certitude.

James Joyce

Hormis la génération silencieuse, toutes les générations ont ainsi en commun les attributs suivants : le « je », le paradoxe, l'univers de l'apparence, le rituel de l'urgence, le culte de l'immédiat, le souci hygiéniste, la disparition de l'autre, la peur intense de vieillir et de mourir, la fascination de la célébrité.

Pour ces générations élevées dans le culte de l'hédonisme, du temps libre et du développement personnel, l'atterrissage sera peut-être douloureux, et le retour au réel brutal. En effet, dans ces conditions, comment peut-on se plaindre de ne plus trouver l'autre, de ne plus trouver de gens, et finalement de sens ? C'est que l'autre, le tiers, la présence réelle, ou plus exactement les relations entre les personnes sont devenus de plus en plus imperceptibles, sans pour autant disparaître. Malheureusement, les générations des boomers, des X, des Y et des Z croient pouvoir combler ce vide avec leur moi hypertrophié et souffrant, plutôt que d'essayer de rassembler les différences extraordinaires dont ils sont les témoins, et surtout de percevoir la nouvelle humanité qui se fait jour. À cet égard, la difficulté vient de ce que le lien défait entre les générations est en partie imputable au rôle des médias, à la prolifération des vertus de façade et aux images que chacun voit. Or, si chacun voit, rares sont ceux qui perçoivent. Tous voient l'apparence de l'autre, mais peu perçoivent ce qu'il est en profondeur. Et ce petit nombre ne se hasarde pas à s'opposer à l'opinion d'une foule également engourdie par ce qu'elle entend.

À l'ère de la communication de masse, cela signifie donc nécessairement que le mensonge médiatique, la manipulation publicitaire et l'abrutissement spectaculaire (assuré par le showbiz et ses artistes inspirés) tendent à devenir une force productive directe, et la révolution numérique en cours en accentue la portée.

La génération des baby-boomers prétend savoir toujours parfaitement comment les autres devraient s'y prendre. Les baby-boomers critiquent l'idéalisme des jeunes, qui veulent mener une vie agréable tout en ayant des idéaux. Ils pensent : « Si c'est agréable, c'est forcément mauvais. » Ils se préoccupent surtout d'eux-mêmes. Est-ce vraiment ainsi, avec cette insoutenable légèreté, qu'ont raisonné les enfants gâtés nés dans l'euphorie du baby-boom ? Tout leur souriait, la croissance était au rendez-vous, la société de consommation entretenait le rêve que tout ou presque était devenu possible, le chômage n'était pas encore devenu un fléau... Heureuse époque du plein emploi, où l'Occident croquait dans la vie à belles dents et vivait d'espoirs faciles, fussent-ils égoïstes et vains.

À l'échelle plus modeste des comportements individuels, chaque génération tend à renier tout ce qui l'a précédée. Chacun aime à croire que ce qu'il fait est nouveau et inédit. L'ignorance et la paresse fournissent le prétexte pour éviter de regarder ce que l'histoire pourrait avoir à lui apprendre.

Récemment, le PDG d'une grande entreprise me disait : « Un jour, nos enfants auront 20 ans, 30 ans, 40 ans. Alors, pleins d'espoir et affamés d'avenir, ils comprendront que nous, les baby-boomers, leur avons laissé une société usée et miteuse. Ce jour-là, ils nous haïront. Et ils auront raison. » Cruel constat pour une génération de parents qui croyaient avoir inventé le bonheur, sans se douter que leur inconscience précipiterait la société au bord du gouffre. C'est bien là le paradoxe des baby-boomers : la société hédoniste qu'ils ont construite est devenue quasiment inaccessible à leurs enfants. Et les avancées sociales réelles auxquelles ils ont contribué s'avèrent ruineuses pour ceux qui devront les financer : toujours leurs enfants.

Il n'est pas très original de l'affirmer, mais la façon dont on se voit reflète l'image que l'on montre à autrui. Rien ne réussit mieux en ce domaine que l'apparence de la réussite.

Dans une société où le succès domine, les générations issues de la modernité ne peuvent mesurer leurs accomplissements qu'en les comparant à ceux d'autrui. La satisfaction de soi-même dépend de l'acceptation et de l'approbation publique, et ces dernières ont elles-mêmes changé de nature. Jadis, la bonne opinion qu'amis et voisins pouvaient avoir d'un individu indiquait à celui-ci qu'il s'était révélé utile à sa communauté, car cette opinion reposait sur ses accomplissements, ses réalisations. Aujourd'hui, les individus recherchent l'approbation non de leurs actions, mais de leurs attributs personnels. Ils ne souhaitent pas tant être estimés qu'admirés. Ils cherchent moins à acquérir une réputation qu'à connaître l'excitation et les éclats de la célébrité. Ils veulent être enviés plutôt que respectés. L'orgueil et l'âpreté au gain ont fait place à la vanité.

Pour la plupart des Occidentaux, le succès est encore synonyme de richesse, de renommée et de pouvoir, mais leurs actions montrent qu'ils s'intéressent peu, en fait, à ces attributs pris substantivement. Ce que la personne accomplit importe moins que le fait qu'elle soit « arrivée ». Alors que la réputation ou la renommée dépendent de faits remarquables, loués dans les biographies et les ouvrages d'histoire, la célébrité – récompense accordée à ceux qui projettent une image plaisante ou haute en couleur, ou qui sont parvenus à attirer l'attention sur eux – est acclamée par les grands moyens de diffusion et d'information, dans la « rubrique des potins », les entretiens radiodiffusés ou télévisés, les magazines consacrés aux « personnalités ». La réussite en ce monde a toujours eu un côté poignant, dû à la conscience « qu'on ne peut l'emporter avec soi » ; mais, à présent, le succès est tellement fonction de la jeunesse, de l'éclat et de la nouveauté que la gloire est plus éphémère que jamais ; ceux qui ont gagné l'attention du public ne cessent de craindre de la perdre.

Avec les moyens actuels, l'humanité aurait véritablement la possibilité de construire un avenir meilleur. Mais la motivation fait défaut. Toute l'énergie déployée se résout dans une profusion d'objets à laquelle ne survivra pas leur propriétaire, dans une consommation effrénée qui épuise la planète et reporte le poids des dettes sur les générations à venir.

Ce qui différencie le comportement moral, au sens strict, des conditions traditionnelles fondées sur le sens de l'honneur ou la coutume, c'est l'intériorisation des obligations de donner, de recevoir et de rendre – autrement dit, l'acquisition de la capacité d'agir « en son âme et conscience », et non pas seulement en fonction du regard d'autrui et de la réputation sociale.

Le bonheur plus difficile en soi

Paradoxalement, les progrès de notre modernité ont rendu le bonheur plus difficile. On constate de plus en plus que les choses ne sont plus ce qu'elles sont, mais ce qu'elles génèrent. L'alternance de périodes d'inquiétude et d'apaisement, de chagrin et de consolation, de privation et de satisfaction, donne la sensation d'être vivant et provoque le sentiment qu'on appelle bonheur. Pourquoi le bonheur serait-il plus difficile de nos jours ? Selon certains médecins-anthropologues, plusieurs pathologies physiques et psychiques modernes trouveraient leur origine dans un décalage entre les conditions d'existence contemporaines et celles qui permettraient un épanouissement des facultés réelles de l'individu.

Nous avons modifié si radicalement notre environnement que nous devons maintenant nous modifier nous-mêmes pour pouvoir y survivre. L'homme doit désormais s'adapter à ce nouveau milieu à cause et pour le développement technique et économique, et cet objectif est consciencieusement poursuivi. On trouve d'un côté des personnes frustrées, faute de moyens financiers, des produits de consommation qui s'offrent à leur convoitise comme autant de vecteurs du bonheur, et de l'autre, des personnes non moins frustrées de constater, après avoir acquis ces produits, que ceux-ci n'ont pas les vertus espérées.

Nous nous découvrons en exil dans un monde qui prétend nous combler ; et, en réaction, nous n'avons rien d'autre à faire valoir que notre souffrance. C'est pourquoi la dépression est devenue un lieu de passage si fréquenté dans les sociétés occidentales. (En 1960, la dépression était liée à la culpabilité ; en 1990, elle est liée à la responsabilisation où domine l'insuffisance – obstacles à l'action.) Il s'agit d'une sorte « d'expérience initiatique » de notre temps, dont l'organisation sociale s'emploie à déjouer le sens en la réduisant à un désordre pathologique parmi d'autres, qui ne relèverait que d'un traitement médical. Le génie chimique y trouve l'occasion d'étendre son empire : il est non eulement à l'origine de la pléthore de nouveaux produits qui alimentent le marché, mais il fournit aussi des solutions sous forme de substances permettant d'adapter les hommes à ce nouvel univers. Ayant échoué à façonner le monde idéal, nous attendons maintenant le salut de technologies qui nous rendraient heureux dans le monde tel qu'il devient, quel qu'il soit.

Tandis qu'on travaille à modifier l'individu pour l'adapter à son nouveau milieu, celui-ci continue à évoluer, ce qui demande de nouvelles adaptations. D'une manière générale, le développement, tel qu'on l'entend depuis la fin des années 1990, réduit certains risques, mais en suscite d'autres, ce qui rend nécessaires de nouvelles solutions technologiques qui déclenchent à leur tour de nouveaux problèmes. L'inflation sécuritaire, la multiplication des seuils, des normes, des protocoles et autres appels à l'innovation traduisent cette réalité à une rapidité telle qu'on propose des nouveautés pour les remplacer par d'autres, destinées elles aussi à une obsolescence programmée. Dans un monde où tout va plus vite, les vertus de la rigueur ont parfois tendance à être négligées. La sphère esthétique est celle de l'immédiateté ; la sphère de l'éthique, celle de l'exigence.

Ivan Illich (1926-2002) a montré que toute technique, développée comme moyen en vue d'une fin, a tendance, passé un certain stade d'expansion, de perfectionnement et d'institutionnalisation, à produire plus de nuisances qu'elle ne rend de services. Le changement a, en principe, la vertu minimale de dissiper l'ennui ; et il y a toujours suffisamment de mauvaises choses à changer dans le monde pour qu'il ne soit pas nécessaire de défaire des bonnes choses afin d'échapper à l'ennui, sans compter que le changement permanent finit lui-même par lasser. Tout cela a un prix, très élevé. L'individu désaffilié peut oublier le collectif, mais le collectif, lui, n'oublie pas l'individu. Quand les institutions comme l'Église, l'État ou les traditions exerçaient des contraintes, elles le faisaient sur tout le monde. Lorsque ces forces s'effacent, elles libèrent l'individu et les groupes.

Rien ne peut être raisonnablement considéré comme appartenant en propre à une génération. Le bien-être d'une génération n'est jamais sans lien avec la misère d'une autre. De même, chaque génération est entraînée dans le sillage de la mondialisation, et personne ne peut s'y soustraire. Les liens humains se sont sans doute agréablement assouplis, mais c'est aussi ce qui les rend terriblement peu fiables, et la solidarité est aussi difficile à pratiquer que sont difficiles à comprendre ses avantages et, plus encore, ses vertus morales. Le nouvel individualisme, l'affaiblissement des liens humains et la décadence de la solidarité devraient donc faire l'objet d'une réflexion profonde de la part de chacune des générations.

Les nouvelles générations sont de plus en plus conscientes que l'avenir sera synonyme de plus de choses en plus petites quantités. Toutes les entreprises ont maintenant compris l'importance d'offrir une multitude de services, c'est-à-dire de faire vivre au consommateur une expérience unique et variée : retrouver divers produits sur une même surface qui vont satisfaire tous les sens.

Jusqu'à présent, on attendait d'un enfant qu'il accomplisse sa vie dans la dignité et l'honneur. Le seul discours qu'on entend aujourd'hui dans les familles demeure la réussite professionnelle. Il faut être performant pour réussir, briller, avoir du succès, et consommer davantage. Nous n'avons jamais été aussi libres, mais nous nous exposons à une dictature originale et inattendue, celle de la satisfaction et des objets de satisfaction. Nous sommes devenus des fétichistes de la bagnole, de la télévision, des loisirs, des fringues, des marques, des neuroleptiques, de la technologie, du numérique. Or, tout ce qui dégrade la culture raccourcit les chemins qui mènent à la servitude. Mais il faut plaire, paraît-il, et pour plaire, se coucher. Ce livre est un appel à rester debout.

Une lutte pour la reconnaissance

Comme on l'a vu précédemment, l'être humain vit actuellement un profond changement de paradigme associé à la montée de l'individualisme. À un monde organisé, structuré, solide et vertical s'impose maintenant un monde mouvant, déstructuré, liquide et horizontal.

Dans la modernité « solide », la façon d'« être en société » était verticale : on parlait carrière, développement, progrès. On regardait vers le haut, encadré par des institutions, des règles et des rituels. En filigrane, il y avait l'idée qu'il existait une sorte de standard du bonheur valable pour tous, au regard duquel on souhaitait une plus grande égalité. Aujourd'hui, la façon d'être en société est horizontale : il ne s'agit plus de progresser sur une échelle, mais de déployer en permanence de nouvelles compétences dans un environnement mouvant. L'important est de se différencier, non d'être conforme. Le « nous » est désormais supplanté par un moi agissant, triomphant, désireux de se surpasser.

Les disparités « verticales » d'accès aux biens et aux valeurs universellement convoités explosent sans provoquer de véritable résistance. Parallèlement, les différences « horizontales » sont de plus en plus célébrées et promues par tous les pouvoirs. Les luttes pour la reconnaissance sont l'ersatz contemporain des révolutions : on ne se bat plus à propos de la forme que prendra le monde de demain, mais pour avoir sa place à la table dans ce monde-ci. Dans ce contexte, la conception de la justice s'incarne dans la parité : on exige moins l'égalisation des conditions que la reconnaissance de droits identiques pour chaque groupe, aussi minoritaire soit-il. Il ne s'agit plus d'être égaux, mais d'obtenir pour chacun le droit de rester différent, sans risquer pour autant d'être exclu de la partie.

Ce n'est pas un hasard si la « modernité liquide » entretient un véritable culte des célébrités de la chanson ou du football, sans qu'on s'indigne de les voir gagner des centaines de millions. Et ce n'est pas parce que les fans espèrent gagner un jour autant d'argent que leurs idoles. En l'absence de tout projet de « bonne société », chacun est en quête de modèles pour mener sa propre vie. Les célébrités s'offrent comme autant d'exemples d'individus ayant réussi à maîtriser cet art délicat. L'intérêt qu'on porte à leurs secrets d'alcôve, à leurs habitudes vestimentaires, à la plastique de leur corps ou au contenu de leur réfrigérateur ne relève pas du simple amour des potins : il remplit la fonction à laquelle s'essayaient autrefois les programmes politiques.

Sur le plan relationnel, nous vivons dans une constante ambivalence. La fraternité, qui se concevait comme une métaphore de la relation familiale, sûre, inconditionnelle, irrévocable, était l'idéal d'un monde dont les structures visaient à attacher les êtres par des nœuds difficiles à défaire. Cette conception est désormais improductive. Les hommes et les femmes forgent plutôt leurs liens sur le mode du réseau.

En Angleterre, les bars pour célibataires, lieux de rencontres naguère très prisés, sont sur le déclin en raison du succès croissant des sites de rencontres sur Internet et d'applications comme Tinder. Pourquoi ? Parce qu'« on peut toujours appuyer sur la touche Supprimer », comme le déclarait un jeune homme de 26 ans à un grand quotidien britannique. Le réseau offre à la fois le sentiment rassurant d'être entouré et l'idée gratifiante de contrôler ses relations. L'individu crée son réseau et le recompose selon son bon plaisir, mais nul ne peut être parfaitement heureux dans ces conditions. Nous vivons l'âme écartelée.

Un monde puéril

Nous assistons ainsi à une remontée de l'enfance qui est considérée comme une nationalité à part entière ; la culture se fonde sur le jeu et non sur le travail ; et les conjugaisons au passé et au futur se trouvent même abolies. Dans ces conditions, comment pourra-t-on avoir les repères nécessaires ?

À cet égard, on pourrait accabler la publicité de tous les maux. Les choses ne sont pourtant pas si simples. La publicité a beau sortir ses griffes et être omniprésente, elle fonctionne sur le mode de la séduction, et non sur celui de la manipulation, de la coercition. Désormais, rien n'est plus obligatoire, tout devient optionnel. Systématiquement, et dans chaque secteur de l'activité humaine, les formules à la carte remplacent la contrainte et la discipline. Les nouvelles générations ont repris à leur compte ces modalités. Ainsi, on s'efforce de ressembler à son idole en arborant un look de star, en portant des vêtements dignes de la téléréalité, en se maquillant de façon outrancière ou en adoptant une coupe de cheveux androgyne et une multitude de tatouages sur tout le corps. On s'adonne à une consommation généralisée, à la fois verbale, musicale et vestimentaire. Cela semble traduire la période de doute et de recherche de soi que traversent tous les jeunes adultes. Mais il est difficile de ne pas établir de parallèle avec l'ambiguïté qu'affichent leurs parents accrochés à leur adolescence. Et comment ne pas y voir, comme le soutiennent nombre de jeunes Y et Z, une forme de thérapie nécessaire pour exorciser les angoisses et les difficultés ?

Les nouvelles générations (X, Y et Z) constituent une masse composite, changeante mais obstinée. Depuis quelques années, elles râlent, protestent contre toute structure, toute réforme, toute contrainte... mais elles s'élèvent également contre leur absence. Étonnant paradoxe. Ce sont ces jeunes qui se ruent contre le « système » pour y ouvrir une brèche afin de clarifier les normes et les règles. Mais diffèrent-ils en cela radicalement des générations précédentes ? Il y a en réalité beaucoup de similitudes entre les attentes des différents groupes d'âge. À quelque génération que nous appartenions, nous avons sensiblement les mêmes motivations. Toutefois, ces attentes se sont manifestées à des périodes différentes. Ainsi, c'est au détour de la quarantaine que les baby-boomers ont exprimé leurs besoins (désir du respect et de reconnaissance, volonté d'avoir du temps pour soi, création d'espace et de loisirs, de concilier travail et vie personnelle), ce que la génération X a fait au début de la trentaine, et la génération Y dès le début de la vingtaine. La génération Z exprime déjà les mêmes attentes...

Autrefois, on avait de l'âge adulte une image claire et solide. Mais l'avenir ayant cessé d'être radieux, pourquoi rêverait-on désormais de la maturité ? Pourquoi voudrait-on grandir, vieillir ? Tout se passe comme si nous n'arrivions plus à envisager l'idée de la continuité, du sens des âges, alors que nous n'avons jamais eu autant de chances de les vivre tous. Mais dans quelle confusion, et avec quelle incertitude ! L'enfance est un problème, l'adolescence est interminable, la maturité est introuvable et la vieillesse est une ennemie. Cette angoisse (esprit divisé) laisse présager un scénario de disparition des âges. Jadis, on pensait qu'il y avait « un temps pour tout »; maintenant, on rêve que tout soit possible à n'importe quel âge. Une société américaine fabriquant des produits anti-âge a même adopté le slogan « *Stop Aging, Start Living* » (Arrêtez de vieillir, commencez à vivre), ce qui revient à fantasmer une vie débarrassée de l'âge. Nous n'en sommes pas encore là ! Mais une chose est évidente : plus personne ne veut « faire son âge ». Les enfants sont adolescents très tôt, la jeunesse prend le pas sur tous les âges au point qu'on la veut immuable et que les vieux veulent en vivre une seconde, et même la garder pour toujours !

Au moment de l'adolescence, l'exigence d'authenticité entre en concurrence avec celle de grandir. Être ou devenir, telle est la question cruciale que se pose l'adolescent. C'est pourquoi ce premier âge de l'authenticité peut déboucher sur deux premières voies, selon que le jeune affirme sa particularité (au risque du conformisme) ou sa généralité (au risque de la vacuité). La condition adolescente est vouée à cette double contrainte : affirmer haut et fort son moi et refuser toute restriction des possibles. Être soi et être tout. Narcissisme et ironie coexistent dans le processus de construction de l'identité.

L'âge adulte est en crise. Pendant des siècles, sous l'égide d'un monde vertical, hiérarchique et organisé, il a été le modèle à atteindre. En atteignant la maturité, les êtres humains accédaient à ce qu'il y avait de plus grand en eux. Aujourd'hui, l'adulte est avant tout un « être qui n'a pas le temps », qui est prisonnier des contraintes du quotidien, comme sous l'emprise du monde réel. Personne n'a intérêt à devenir adulte. Car être adulte signifie se conformer, rentrer dans les rangs. D'où vient cette crise ? Ce ne sont pas les causes qui manquent : allongement de la durée de la vie, brouillage des frontières entre les âges, émergence des femmes comme individus à part entière (il n'y a pas si longtemps, « viril » et « adulte » étaient des synonymes), remise en question du rôle de père de famille, de travailleur et de bon citoyen, des institutions et des règles de vie en société. Plus généralement, l'exigence d'« être soi-même » est un facteur d'angoisse. Qu'est-ce qu'être soi-même quand tous les repères vacillent ? Quand règne la hantise que ce moi sacralisé ne soit qu'un néant ? Quand on prend conscience que réussir *dans* la vie ne signifie pas réussir *sa* vie ? Autrement dit, quand on saisit que le caractère consiste, pour reprendre les propos de Kant, à se donner « pour maxime suprême la véracité dans l'intériorité de l'aveu à soi-même et en même temps dans la conduite à l'égard de tout autre ».

Le visage du jeunisme

Il y a en effet une échelle des âges dont il faut gravir les barreaux. Dans les sociétés traditionnelles, la vieillesse constitue le sommet, pour autant qu'elle nous rapproche du passé fondateur et nous livre ses enseignements. Pourtant, ne surestimons pas trop ces temps de jadis : si la vieillesse était alors valorisée, les vieillards en étaient pas moins souvent négligés ; tandis que notre époque, qui déteste le grand âge, fait tout pour préserver ses vieux. Car la mort effraie.

L'inquiétant dans ce nouveau visage du jeunisme, c'est que l'héritage et la transmission semblent avoir disparu corps et biens. Entre les générations, qui incarnent les unes pour les autres des époques différentes, il n'y a plus de transmissions ni de conflits possibles, faute de terrain commun. Que peut transmettre la génération silencieuse aux autres générations, peu soucieuses de l'écouter ? La menace, dans cette perspective, c'est l'indifférence à l'égard des générations qui ont précédé et de celles qui vont suivre, la transformation accélérée de chacun en *has been*, en ringard dépassé par le mouvement du changement continuel. Nous en revenons à la crise de transmission, laquelle revêt deux aspects : l'incertitude croissante quant à ce qui demeure digne d'être conservé et transmis de l'héritage du passé, et l'incertitude quant à la nature du lien qui doit s'établir, à chaque âge, avec les autres âges, incertitude qui affecte la représentation des devoirs envers l'autre en tant qu'il appartient à une génération différente. Qu'ai-je à apprendre de l'autre ? Qu'ai-je à lui apprendre ? Les réponses ne vont plus de soi.

Pourquoi grandir ? Il fut un temps, pas si lointain, où la question ne se posait pas. Sans remonter à l'époque où le passage à l'âge d'homme était minutieusement réglé par des rites et des obligations imposés à l'individu, où grandir signifiait accéder à un rang social hiérarchiquement supérieur, on trouvera dans la littérature moderne maints témoignages du désir passionné de devenir adulte.

Il se produisait jadis, comme le remarque Stefan Zweig au début des années 1990, « ce qui serait aujourd'hui presque incompréhensible : la jeunesse devenait une entrave dans toutes les carrières, et seul un âge avancé constituait un avantage. Tandis que de nos jours, [...] les quadragénaires font tout pour ressembler aux hommes de trente ans, et les sexagénaires à ceux de quarante, [...] quiconque voulait s'élever était obligé d'avoir recours à tous les déguisements possibles pour paraître plus vieux qu'il ne l'était. De jeunes médecins de 25 ou 30 ans, qui venaient de passer leur examen, portaient des barbes majestueuses et chargeaient leur nez de lunettes à monture d'or, même s'ils n'en avaient nul besoin, à seule fin de donner à leurs patients l'impression qu'ils avaient de l'expérience. On s'imposait le port de la longue redingote noire, une démarche grave et si possible un léger embonpoint, afin d'incarner cette maturité si souhaitable ; et qui avait de l'ambition s'efforçait de donner congé, au moins dans son apparence extérieure, à cette jeunesse suspecte de légèreté... » (*Le monde d'hier*, Belfond, 1993).

Jusqu'aux années 1960, rien n'indiquait que le désir des jeunes gens d'intégrer le monde des adultes puisse s'atrophier. L'abaissement de l'âge du mariage, qui s'est produit entre 1945 et 1965, traduit encore la vigueur de ce désir : « L'adolescent révolté avait pour vocation à faire un adulte précoce », écrit à ce propos le philosophe et historien français Marcel Gauchet.

Sans qu'on puisse affirmer que le désir de rejoindre le monde adulte ait disparu, force est d'observer qu'il n'a plus la même puissance et ne revêt plus la même impatience. La révolution individualiste est passée par là : l'autorité s'est décomposée dans les familles et, à l'école, les jeunes sont nourris de produits de consommation qui leur sont tout spécialement destinés, leur culture règne en maître dans les médias ; enfin, et peut-être surtout, la libération sexuelle a précipité le renversement de la traditionnelle séquence de vie mariage-sexualité-enfants. Désormais, on décide après de multiples expériences sexuelles et amoureuses de vivre en couple, puis de faire des enfants, puis, éventuellement, de se marier.

Les deux explosions scolaires, dans les années 1960 puis 1980, ont en outre permis à la grande masse des jeunes de différer leur entrée dans l'âge adulte. Si bien qu'un soupçon s'est introduit : les jeunes ne sont-ils pas aujourd'hui tentés de s'attarder dans une « vie de jeune » dilettante et festive, de décliner l'invitation à s'engager dans une vie adulte faite de contraintes et de responsabilités ? Après tout, pourquoi grandir ? Ne vaut-il pas mieux rester soi-même, c'est-à-dire rester jeune ? Jouir au maximum et le plus longtemps possible de libertés qu'on ne retrouvera plus, en profitant de la généreuse sollicitude des parents et de l'« État irresponsable » ?

Devant ces interrogations, il ne suffit pas de rappeler que l'idéal adulte a un sens et qu'il peut garder sa supériorité (celle de l'expérience, de la responsabilité et de l'authenticité) dans l'univers individualiste. Il faut essayer de déterminer ce qui, du point de vue même de cette nouvelle et énigmatique jeunesse, peut rendre cette maturité souhaitable et aimable. Les jeunes peuvent-ils encore trouver de quoi stimuler leur désir de surmonter la jeunesse ? Certes, la plupart du temps, la nécessité d'accéder à l'indépendance économique et sociale finit par s'imposer. Mais ce passage à l'âge adulte peut-il être vécu autrement que sur le triste mode de la résignation ? En somme, il nous faut repérer au cœur de la jeunesse s'il existe encore, le ressort de l'adolescence ; c'est-à-dire, au sens étymologique du terme *adolesco* (« je grandis »), le processus qui fait grandir et devenir adulte.

La société a idéalisé l'individu, qui n'en finit jamais de s'outiller pour la vie, et a érigé l'adolescence en modèle, en demandant aux individus de n'en jamais sortir, de continuer à être inachevés, imparfaits. Ce faisant, elle plonge l'individu dans une psychologie de l'angoisse (« Je ne peux expliquer clairement ce qui m'arrive ») et dans une douleur récurrente, dont l'origine pourrait être formulée ainsi : mais arrête-t-on jamais de grandir ?

Paradoxalement, c'est précisément en valorisant l'adolescence interminable et en suggérant à tous qu'on n'en a jamais fini de grandir que la société empêche les individus de grandir. « L'émancipation adolescente, dont j'ai à plusieurs reprises étudié l'histoire et les formes, n'avait donc pas pour but l'émancipation de l'adolescence, de faire sortir les adolescents et l'adolescence, mais de les y faire entrer [...] les adolescents des sociétés occidentales ne sont ou n'ont été émancipés que pour rester plus ou moins longuement et, d'une certaine manière, presque interminablement adolescents », écrit le sociologue français Paul Yonnet. De même, pour Marcel Gauchet, le programme pédagogique actuel n'a plus pour but de s'ajuster au monde adulte, mais « d'apprendre à apprendre, de manière à se détacher des contenus appris, et de se construire soi-même, de manière à rester libre vis-à-vis des rôles endossés et des fonctions exercées ». L'ambition n'est plus de progresser vers un but, un idéal d'accomplissement, mais de prolonger autant qu'il est possible la période de la jeunesse.

L'adolescence a beau être à ce point idéalisée, le jeune n'apparaît pourtant plus comme l'avenir de l'adulte. Pour quelle raison ? Tout simplement parce que l'avenir n'est plus radieux et que nous sommes désormais entrés, sinon dans l'âge d'une disparition de l'avenir, dans une crise profonde de l'idée de progrès. En fragilisant l'espoir et la confiance en un futur meilleur, nos « sociétés du risque » (Ulrich Beck) déstabilisent également les générations qui en sont les emblèmes. Le reproche qu'on peut faire à l'homme contemporain est d'être devenu, avec la complicité des médias, un simple voyeur du progrès qui n'apprécie plus dans celui-ci que la performance et le spectacle, sans prendre la peine de se demander à quoi il peut servir. Le progrès, en même temps qu'il ouvre de nouvelles possibilités, en supprime d'autres : il est donc particulièrement difficile, pour ne pas dire impossible, de déterminer si le résultat final sera positif ou plutôt négatif.

Il ne s'agit pas d'assigner, d'enjoindre, de restaurer, mais d'adopter une autre attitude à l'égard du passé et de la tradition.

Une fracture idéologique

À la lumière des changements suscités par la montée de l'individualisme, on est à même de constater une fracture idéologique entre les générations. À la période conservatrice dans laquelle a baigné la génération silencieuse et les boomers succède la période consumériste.

Le tableau comparatif des courants idéologiques des générations (1925-2017) apparaissant ci-dessous a pour but premier de permettre au lecteur de comprendre cette fracture, et de prendre conscience à la fois des différences (sociologiques, économiques, politiques, familiales) entre les générations et de l'évolution, au fil des années, des paradigmes (valeurs et croyances) qui occupent le quotidien de nos pensées et de nos actions.

Tableau 3 - Courants idéologiques des générations de 1925 à 2017

PÉRIODE CONSERVATRICE 1925-1963 GÉNÉRATION SILENCIEUSE ET BABY-BOOMERS	PÉRIODE CONSUMÉRISTE 1964-2017 GÉNÉRATIONS X, Y, Z ET ALPHA
Registre rationnel	Registre affectif
Devoirs, sacrifice	Facilité, moment présent
Société d'obéissance (ponctuel, discipliné)	Société d'action : mobiliser ses ressources internes pour réussir
Vertical (hiérarchisation)	Horizontal (indépendance)
Période du relativisme	Période de l'esthétisme
Exploitation	Humiliation
Habitude	Nouveautés
Peur du risquée	Forte propension à l'entrepreneuriat
Éthique altruiste	Éthique capitaliste
Donner, recevoir, rendre	Confiance fondée sur le calcul
Exprime l'information de façon rationnelle	Exprime l'information de façon intuitive
Bien dans ce qui est familier	Désir de fantasmer
Stabilité	Mobilité
Estime de soi : sentiment de compétence	Estime de soi : sentiment de confiance
Le langage	L'image
Croire	Savoir
Appréciation-longue période	Appréciation-courte période
L'oreille	L'œil
L'Homme rationnel	L'Homme émotionnel
Défini par son identité	Défini par la relation
Objectivité (faits)	Subjectivité (apparences)
Parle à mon corps	Parle à ma tête
Pourquoi	Pourquoi pas
Savoir-faire	Faire savoir
Identification aux parents (transfert des fonctions)	Identification aux pairs (milieu d'opinion)
Solidité	Fragilité
Vie solide (règles, contraintes)	Vie liquide (mobilité perpétuelle)
Faire valoir le « réel »	Faire valoir l'idéal
Imitation (reproduire les modes de vie dont ils ont hérité)	Innovation (possédés par la réussite, les besoins et les projets – s'idolâtrer)

PÉRIODE CONSERVATRICE 1925-1963 GÉNÉRATION SILENCIEUSE ET BABY-BOOMERS	PÉRIODE CONSUMÉRISTE 1964-2017 GÉNÉRATIONS X, Y ET Z
Faire confiance à la famille	Faire confiance aux experts
Contexte collectif	Contexte individualiste
Acceptation de ses limites	Satisfaction de ses désirs
Soucieux des autres	Soucieux de son image
Plaintif	Cynique (connaît le prix de chaque chose et la valeur d'aucune)
Permanence, convention, affiliation	Précarité, réformes, marginalité
Les premiers contacts sont accompagnés	Les premiers contacts sont directs
Malheur accepté	Bonheur attendu
Autorité concentrée	Autorité partagée et diffuse
Formalités essentielles	Mode informel privilégié
Orientation relationnelle linéaire	Orientation relationnelle individualiste
Attribution des rôles dépendant du sexe et de l'âge	Attribution des rôles selon le hasard ou après entente
Relations d'obligations mutuelles verticales	Relations caractérisées par l'indépendance
Épargne	Dépense
L'Homme économique	L'Homme psychologique
Reconnaissance de conformité	Reconnaissance de distinction
Le besoin d'enracinement	Le besoin de divertissement
L'adulte au service de la famille	L'adulte : un être qui n'a pas le temps
Société de pénurie	Société d'abondance
Le consentement pratique et l'ignorance simulée	Décalage constant entre ce qu'on imagine savoir et ce qu'on sait réellement
L'individu collectif	L'individu privé
Mesurer ses propos	Parler en toute liberté
Fidélité, honneur	Rupture de loyauté
Volonté collective	Volonté individuelle
Communauté d'intérêts	Communauté d'émotions
Accumulation	Accélération
Être ensemble	Habitation circulable
Retenue, patience, règle	Joyeux, dépensier, consommateur
On s'efforce de comprendre	On veut savoir
Opprimé	Oppressé

DU MATÉRIEL À L'IMMATÉRIEL

Ainsi, le progrès n'est plus dans l'homme, il est dans la technique, dans le perfectionnement des méthodes capables de permettre une utilisation chaque jour plus efficace du matériel humain.

Georges Bernanos

À cette montée de l'individualisme à l'origine du choc générationnel s'ajoute un autre phénomène dont on ne peut encore mesurer totalement l'ampleur, tant nous nous trouvons, si je puis dire, dans l'œil du cyclone : la révolution numérique. Par numérique, mot dont le sens est multiple, nous désignerons ici par métonymie tout ce qui touche à l'informatique : les nouveaux outils de communication, Internet, les réseaux sociaux, les logiciels et l'édition.

De migrant numérique au natif numérique

Dès l'apparition d'Arpanet ancêtre d'Internet, en 1969, le monde a été projeté dans une mutation technologique et sociologique qui commande également une révolution intérieure et psychologique en profondeur. Depuis lors, Internet, les réseaux sociaux, les applications ont démultiplié les possibilités de communication. L'hyperindividu vit maintenant branché en quasi permanence à des appareils technologiques, véritables prolongements de lui-même, qui lui donnent accès à un univers immatériel illimité à la portée d'un clic.

Le tsunami de l'ère numérique soulève des vagues de fond qui touchent l'ensemble de l'économie mondiale, entraînant la disparition de métiers, quand ce n'est pas d'industries tout entières. Les premiers débats autour de l'économie de partage et de son utilisation dans les modèles de gestion ont déjà fortement secoué l'industrie du taxi et de l'hébergement, avec Uber et Airbnb. Cette révolution propulse les entreprises dans une nouvelle ère où elles doivent adapter leur offre et leurs services afin de répondre aux besoins d'un monde à l'ère numérique.

Sur le plan individuel, le numérique amplifie le choc des générations. Des aînés de la génération silencieuse (1925-1944) aux baby-boomers (1945-1963), en passant par les X (1964-1978), les Y (1979-1994), les Z (1995-2010) et maintenant les Alphas (2011-...), chaque génération a accueilli le numérique à sa façon. Pour la génération silencieuse, il est perçu avec une certaine défiance et l'adaptation est plutôt difficile. Les baby-boomers se montrent plus ouverts aux technologies, mais avec des réserves, notamment en ce qui a trait à la sécurité. La génération X a été la première à délaisser la dactylo au profit de l'ordinateur qu'elle a adopté tant au travail qu'à la maison. Une véritable révolution.

Les milléniaux ou les Y ont grandi avec Internet, puis ils sont tout naturellement passés au téléphone intelligent. Avec les générations C, Z et Alpha, on assiste à l'arrivée des *digital natives* ou enfants du numérique (nés après 1995). Pour eux, il n'y a pas de frontière marquée entre le monde réel et le monde numérique, tout aussi tangible dans leur esprit. Les générations qui les ont précédés sont des «*migrants numériques*», issus de l'Ancien Monde d'avant Internet, lequel est davantage considéré comme un monde matériel symbolisé notamment par l'imprimé, et pour qui l'ère du numérique représente un bouleversement de leur mode de vie auquel ils doivent s'adapter avec plus ou moins de facilité selon l'âge et le niveau de connaissances des technologies.

L'éclatement des possibles

À l'école et au bureau, les méthodes de travail et de collaboration se modifient. Les médias numériques ont bouleversé toutes les institutions sociales et, par conséquent, les rôles traditionnels : l'enfant enseigne au parent, le jeune guide dorénavant l'aîné, les étudiants apprennent à leurs enseignants et les employés à leurs patrons... Avec les communications mobiles, le bureau n'est plus essentiellement un espace physique, mais aussi un moment dans la journée, car le lieu peut changer : plus besoin d'une place assignée, il suffit d'un ordinateur et d'une connexion. Ainsi, la superficie occupée dans les immeubles de bureau diminue et requiert des aménagements nouveaux et adaptables que les propriétaires et les gestionnaires immobiliers doivent fournir s'ils veulent attirer et retenir les locataires.

Dans nombre de secteurs de l'économie, l'utilisateur, qui occupe un rôle toujours plus central, impose de nouvelles approches de vente et de marketing. Grâce aux technologies, l'hyperindividu est devenu un *consommacteur* (Amazon, eBay, Netflix). Au lieu d'attendre passivement les offres, il s'active en recherchant le meilleur rapport qualité/prix et la meilleure expérience qui soit. S'il est mécontent ou satisfait de son expérience, non seulement il le fera savoir aux autres *consommacteurs*, mais aussi à l'entreprise concernée sur les réseaux sociaux. Bref, ce n'est pas la publicité qui l'influence, mais plutôt l'inverse. D'où l'importance des influenceurs chez les Z, qui pullulent sur le Web.

La participation à des événements de toutes sortes – concerts, spectacles, conférences, cours universitaires, conférences de presse, etc. – ne se déroulent plus de la même façon depuis que Twitter permet de transmettre des informations et des images en direct. Ainsi, des personnes absentes peuvent suivre le déroulement de l'événement et le commenter. Une telle réalité induit une économie de l'attention, et une façon différente de comprendre et de réfléchir à des contenus distillés à coups de 140 caractères, comme le fait en ce moment le président américain Donald Trump, dont le compte est suivi par près de 33,8 millions de personnes (juillet 2017), ce qui institue une nouvelle façon de gouverner.

Plusieurs experts affirment que les connexions du cerveau ne sont plus les mêmes chez les nouvelles générations. Le temps s'est comprimé, nous vivons dorénavant dans l'instant et la vitesse. Les enfants du numérique sont multitâches, lisent de manière sautillante et consomment de la musique, des films et des téléséries à la demande. Pour eux, le contenu est désenclavé et à la carte, et ils ne peuvent l'imaginer autrement, au contraire de la génération silencieuse. Leur capacité d'attention serait ainsi réduite par rapport à celle des générations précédentes, à cause du flot ininterrompu de contenus à absorber et de la multiplication des tâches à réaliser dans une même séquence.

Cela dit, des nuances s'imposent. Les créateurs de l'ère du numérique sont issus de l'Ancien Monde qu'ils ont contribué à transformer. La fluidité dans l'utilisation du numérique est aussi le fait de certains membres des générations migrantes. Les enfants du numérique n'ont pas tous accès à une grande panoplie d'outils technologiques et ne les utilisent pas tous de la même façon. L'alphabétisation technologique varie en effet en fonction du statut social, du sexe – les jeux vidéo attirent encore davantage les garçons, par exemple – et, bien évidemment, de l'endroit où l'enfant vit sur la planète. Bref, même si elle existe, la fracture numérique n'est pas aussi si nette et tranchée qu'on pourrait le croire, notamment entre les générations.

Nous vivons dans une véritable tour de Babel avec nos clics de confirmation, bien connus en psychologie sociale. Nombreux sont les experts qui affirment que nous privilégions les informations en harmonie avec nos opinions et que nous nous détournons de celles les contredisant. Cette tendance est tellement partie intégrante de l'écosystème médiatique que, en 2013, le Forum économique mondial de Davos l'a ajoutée à sa liste des plus grands dangers menaçant l'humanité, au même titre que les changements climatiques et la montée des inégalités. Une grande partie des recherches en ce domaine est attribuable au travail acharné du chercheur en informatique italien Walter Quattrociocchi, qui sonne l'alarme en 2015 sur les faits qui nous unissent de moins en moins. Il écrit: « Nous vivons dans des chambres d'écho, qui sont non seulement des caisses de résonance renforçant nos propres croyances, mais de puissants relais à la mésinformation. Notre cerveau tient surtout à sauvegarder son propre régime de vérité pour minimiser nos peurs. »

Comprendre pourquoi de nombreux représentants des nouvelles générations se tournent vers des médias alternatifs et pourquoi ils se méfient des sites d'informations classiques qu'ils jugent partisans et corrompus constitue le défi de notre temps. Nous avons de plus en plus l'impression que ces gens cherchent une explication simple (en quelques mots) à la complexité du monde, pour un minimum d'effort cognitif. En fait, nous prenons de moins en moins le temps d'analyser les informations reçues afin de comprendre l'historique qui s'y rattache. Nous formons nos convictions, nos décisions, voire nos manifestations, à partir d'un texte de quelques lignes ou encore par l'entremise d'un média, sans vraiment en saisir toute l'ampleur ni les conséquences. C'est ainsi qu'une société devient facilement manipulable.

Tableau 4 - De l'imprimé au numérique

ÈRE DE L'IMPRIMÉ	ÈRE DU NUMÉRIQUE
Le matériel	L'immatériel
Le papier, le livre	L'écran
Une tâche à la fois	Multitâche
Une seule plateforme	Multiplateforme
La fixité	La mobilité
Fini	Infini
Capital social : apprendre à lire et à écrire	Capital social : connaître la technologie et utiliser la variété d'outils de communication
Les exclus : les illettrés	Les exclus : les analphabètes technologiques
Imprimer un document	Consulter un document à l'écran
Lire de manière approfondie et concentrée	Lire de manière sautillante
La lenteur	La vitesse
Attention soutenue	Attention différée
Pensée linéaire	Pensée en réseau

TROISIÈME PARTIE

LES GÉNÉRATIONS SOUS INFLUENCE

Chacun d'entre nous peut avoir une influence sur les autres.

Theodore Zeldin

Situons la modernité là où elle doit être: dans les tensions, les affrontements, les conflits et les mensonges. Hier, on célébrait le XVIIIe siècle pour sa légèreté, son libertinage, sa découverte du plaisir. Aujourd'hui, angoissés par notre fameuse «perte de repères», nous y cherchons des principes indiscutables. S'il existait autrefois, bien avant les Lumières, un principe de transcendance qui nous tirait vers le haut, il semble que la modernité nous tire aujourd'hui vers le bas. Nous assistons en quelque sorte à la deuxième chute de l'homme, la «chute dans la banalité» dont parle Heidegger.

Jadis, à travers nos dons et nos sacrifices, nous rendions grâce à Dieu, ou à une quelconque instance supérieure, de répondre à nos besoins et de faire marche vers notre destin. Aujourd'hui, toute transcendance ayant disparu, nous n'avons plus d'«être suprême» à qui adresser nos remerciements. Et si, dans ce monde, nous ne pouvons rien donner en échange de ce que nous recevons, ce monde devient inacceptable. C'est ainsi que nous avons liquidé le monde naturel pour lui substituer un monde artificiel – un monde construit de toutes pièces, dans lequel nous n'aurons de comptes à rendre à personne. L'idéologie moderne est devenue le symbole d'une société du spectacle et du désir qui détourne les humains de toute transcendance. Nos sociétés ont ainsi réduit les êtres humains à des ressources humaines pour le capital et à des outils pour l'argent.

«L'être humain agit en fonction de ses intérêts.» Comme le précise Rousseau, «nul ne dit jamais ce qu'il pense, mais ce qui lui convient de faire penser à autrui, et le zèle apparent de la vérité n'est jamais en eux que le masque de l'intérêt». Qui contesterait cette vérité? Reste à définir les intérêts dont il est question. On imagine que, dans les temps anciens, ils aient pu être sublimes: selon les cas, l'honneur, la foi, le prestige donnaient des ailes à nos aïeux. On se plaint qu'il n'en aille plus de même aujourd'hui. On suppute que seul l'intérêt matériel, chiffrable, monnayable règle la conduite de nos contemporains, vaticinant et consommant.

La difficulté à s'ancrer dans le réel selon des traditions propres à un monde vertical correspond à la disparition progressive d'un monde intime et à son remplacement par celui dans lequel l'unique lieu où se déploient les pensées, les émotions et les relations est ce que nous nommons le *divertissement.* Selon Richard Millet dans son ouvrage *La fatigue du sens* (Pierre-Guillaume de Roux, 2011), l'immédiat et l'illimité, deux pôles de l'horizontalité, le « premier comme hédoniste, le deuxième comme destin de l'immédiat, à savoir ce qui nous rend esclaves de l'idéologie du plaisir » en seraient la cause première. Dans la relation amoureuse, en famille, au travail et à l'école, les générations vivent de plus en plus au rythme de leurs désirs et de leurs pulsions, suivant leur propre code de valeurs. Au cœur du choc des générations, la « société du destin » (voir Alan Ehrenberg, *Le culte de la performance,* Odile Jacob, 1991) à la trajectoire bien définie – famille, travail et maison pour la vie – comme celle qui prévalait dans les années 1950 et 1960 au temps de la jeunesse de la génération silencieuse, n'existe plus.

L'AMOUR AU TEMPS DE L'HYPERMODERNITÉ

Ce qu'on n'a pas, ce qu'on n'est pas, ce dont on manque, voilà les objets du désir et de l'amour.

Platon

L'amour... la vie à deux... En principe, si « nous nous mettons en ménage, c'est pour nous faire du bien et améliorer notre estime de soi » (André et Lelord, *L'estime de soi. S'aimer pour mieux vivre avec les autres*, Odile Jacob, 2007). Or, il y a de quoi en décourager plus d'un ! Au Québec, plus de 50 % des mariages se concluent par un divorce. Si la génération silencieuse semble moins atteinte par cette réalité, les générations suivantes n'y échappent pas. Malgré tout, l'amour continue de fasciner et de faire battre les cœurs. La quête de l'âme sœur, bien qu'illusoire, nourrit toujours les fantasmes et les espoirs de nos contemporains. Être idéalisé rehausse l'estime de soi, pour un temps, du moins. Les conquêtes amoureuses se succèdent sans que l'amour se profile à l'horizon. Les déceptions et les rejets s'accumulent et conduisent les amoureux esseulés chez le psy. Le cœur est meurtri et le moral au plus bas.

Relations en série

Il est hors de doute que la séduction et l'amour servent à nourrir et à améliorer son estime de soi. Et certains individus semblent en avoir besoin plus que d'autres.

Notre époque est fascinante en ce sens qu'elle a peu de limites. Liberté est donnée à chacun de vivre sa vie comme il l'entend ou presque. L'amour, bien entendu, n'échappe pas à cette règle. Jeunes et moins jeunes, toutes générations confondues, expérimentent de nouvelles formes de relations amoureuses en dehors ou non du cadre d'une union légale. L'amour est désormais un immense laboratoire où chacun explore ses désirs et ses fantasmes – notamment sur les applications et les sites de rencontre, industrie florissante s'il en est une –, au prix parfois d'importantes dérives…

Dans un film intitulé *La Honte* (*Shame*, Grande Bretagne, 2011, réalisé par Steve McQueen), le personnage principal, Brandon, un trentenaire new-yorkais incarné à l'écran par Michael Fassbender, semble mener une vie bien rangée. Pourtant, le héros est aux prises avec une sévère dépendance sexuelle. Emporté par le flot de ses fantasmes hallucinants, il plonge dans le sexe et la pornographie. Malgré la honte qui l'assaille et une mésestime profonde de lui-même, il multiple les aventures sans jamais étancher sa soif et écarte toute possibilité d'une relation amoureuse à long terme.

Ce film montre à quel point notre époque est propice aux dépendances de toutes sortes : dépendance au sexe, à la pornographie et même à la relation amoureuse. Les nouvelles générations n'y échappent pas. La dépendance affective semble atteindre une portion importante de la population. L'autre devient l'objet de nos désirs, de nos fantasmes et de nos manques, et nous prive de notre liberté, celle-là même que nous chérissons par-dessus tout. L'amour n'a très souvent rien à voir avec ce genre de relations : l'être désœuvré ou « en manque » tenterait plutôt de combler une faible estime de soi, causée par les drames de son passé ou les blessures de son enfance. Cela dit, dans un monde hyperindividualiste, la peur d'une interdépendance, tout à fait saine dans une relation amoureuse adulte, s'invite et fait fuir bien des amoureux en quête de cette irrépressible liberté… qui est peut-être, au fond, la véritable dépendance.

Notre société d'hyperconsommation n'est pas étrangère à l'existence de tels comportements addictifs : tout, tout de suite et toujours plus vite n'est plus aujourd'hui seulement attribuables aux nouvelles générations. Au contraire, le cadre de société dans lequel nous évoluons nous invite tous à vivre toutes les sensations, les expériences, les aventures comme bon nous semble sans vraiment en comprendre les usages ni les conséquences. En outre, habitués aux émotions et aux sensations fortes, certains individus multiplieraient les coups de foudre, lesquels induiraient des réactions chimiques dans le cerveau. Des phéromones d'abord, puis de l'adrénaline et enfin de la phényléthylamine (ou PEA) qui suscitent le désir et l'euphorie. Mais l'effet ne dure pas. L'ocytocine, hormone de l'apaisement et de l'attachement émotionnel qui succède aux premières, ne suffit pas à tous. Le désir n'est plus là, c'est trop calme. Plutôt que de poursuivre la relation, certains y mettent un terme et partent à la conquête d'un nouveau partenaire, dans une spirale sans fin qui ne se termine que lorsque l'individu, abattu et épuisé, veut vivre enfin autre chose, ou rien d'autre.

L'inlassable quête... aveugle

Tout, tout de suite... L'autre est devenu en quelque sorte un produit consommable et jetable. Difficile de préserver intacte son estime de soi dans un tel contexte. Difficile aussi de s'arrêter pour prendre le temps de choisir et de connaître son partenaire, pour les nouvelles générations. Selon le sexologue Yvon Dallaire dans son livre *Qui sont ces couples heureux* (Livre de poche, 2007), c'est là que réside en grande partie le problème.

Voici le scénario typique : un individu qui ne se connaît pas lui-même part à la recherche du partenaire idéal qui n'existe pas ! Le réveil ne peut être que brutal. L'être que l'on croyait parfait et qui nourrissait notre estime personnelle au départ se révèle capricieux, indolent, infidèle, grossier, voire violent dans le pire des cas. Pourtant, à moins d'être aux prises avec un manipulateur de première classe – ce qui peut aussi arriver –, tout était là dès le départ. Il suffisait d'ouvrir les yeux et d'écouter. Plus facile à dire qu'à faire, je vous l'accorde : on veut toujours se présenter sous son jour le meilleur au début d'une relation, quitte à en rajouter un peu pour séduire l'autre. Maintenant, soit on rompt la relation, soit on s'en accommode à ses risques et périls. Les personnes dotées d'une faible estime de soi sont les plus vulnérables : incapables de dire non, elles préféreront se taire et espérer... que tout ira mieux. Certains quitteront sans demander leur reste ; d'autres, plus fragiles, le feront avec une peine angoissante. Une minorité s'enfermera dans un célibat plus ou moins prolongé afin de panser leurs plaies et de protéger une estime de soi vacillante. La plupart repartiront à la conquête de l'âme sœur dans l'espoir de séduire et d'être aimés de nouveau.

L'inlassable quête de l'âme sœur continue d'alimenter les espoirs des générations. Depuis l'Antiquité, l'Occident n'a pas cessé d'entretenir ce mythe à travers la philosophie et la littérature d'abord, puis dans la musique. Le christianisme apporte l'amour courtois, passion inaccessible entre deux êtres. L'idée essentielle est que l'autre est notre part manquante). Ce mythe, qui repose sur l'idée d'un manque, fait en quelque sorte partie de notre patrimoine culturel. Comment alors battre en brèche un idéal culturel si puissant ? Certes, il est possible qu'un coup de foudre puisse se transformer en relation durable, mais il faut être réaliste : l'autre ne répondra jamais entièrement à nos attentes, ne se fondra jamais tout à fait dans le moule de nos préférences et surtout ne servira pas uniquement à nourrir notre estime personnelle. Il est un autre « je » avec lequel il va falloir composer et qui, dans le meilleur des cas, permettra de créer un « nous ».

Toutefois, il faut qu'il y ait au départ un maximum de compatibilités entre les deux partenaires quant aux valeurs, aux projets et aux affinités. Nous sommes de moins en moins capables de compromis en amour, nous recherchons activement la pleine dévotion... *All of me loves All of you...* « Donne-moi tout de toi, je te donnerai tout de moi... tu es ma fin et mon commencement » (auteur-interprète John Legend, 2013). La moralité signifie « être pour l'autre ». Elle ne récompense pas l'amour-propre. La satisfaction qu'elle confère à l'amant découle du bien-être et du bonheur de l'être aimé. L'homme dit : « Admire-moi... » ; la femme de répondre : « Parle-moi... » Écouter l'autre implique un dialogue, une sensibilité à l'autre.

Le couple vit trop souvent en retard des mots, des tendresses oubliées, des non-dits, des silences trop nombreux. L'homme s'y perd à force de recourir aux lendemains pour expliquer et nuancer ses propos. La femme désespère dans l'attente de leurs silences. Trop rares sont les rapprochements (corps-paroles-émotions) et nous savons tous que la rareté détermine la valeur de l'amour. « Où ton œil se pose sur moi, il y a de la vie, de l'amour aussi. »

L'engagement représente donc une difficulté réelle de nos jours. Une fois engagé, l'individu n'est pas pour autant à l'abri des soubresauts existentiels. Oui, nous avons plus que jamais besoin d'amoureux fidèles. Ils sont notre filet de sécurité, notre assurance de ne pas être seuls face aux remous de l'existence. Mais les conditions de la vie moderne nous font redouter plus que tout de nous lier les mains par ces attaches puissantes. Les engagements durables et inconditionnels sont de plus en plus perçus comme des pièges pour les générations, des baby-boomers aux Z. Dans un environnement qui change en moins de temps qu'il n'en faut pour le dire, il ne s'agit plus tant de construire son avenir que de ne pas l'hypothéquer. D'où la tendance à se préserver des portes de sortie, à veiller à ce que toutes les attaches soient temporaires, valables « jusqu'à nouvel ordre ».

La tendance à substituer la notion de « réseau » à celle de « structure » dans les interactions humaines contemporaines traduit parfaitement ce nouvel air du temps. Contrairement aux « structures » de naguère, formées par des liens difficiles à dénouer, les réseaux servent autant à se connecter qu'à se déconnecter. Les liens sont dissolubles, fragiles et souvent faux, les descriptions et les photos ne correspondant pas à la réalité.

Les relations amoureuses sont probablement un secteur de l'expérience humaine où la « liquidité » de la vie s'exprime dans toute sa gravité et est vécue de la manière la plus poignante, voire la plus douloureuse. C'est le lieu où les ambivalences les plus obstinées, porteuses des plus grands enjeux de la vie contemporaine, peuvent être observées de près. D'un côté, dans un monde instable plein de surprises désagréables, chacun a plus que jamais besoin d'un partenaire loyal et dévoué. D'un autre côté, cependant, chacun est effrayé à l'idée de s'engager (sans parler de s'engager de manière inconditionnelle) à une loyauté et à une dévotion de ce type. Et si, à la lumière de nouvelles occasions de rencontre, le partenaire actuel cessait d'être un actif pour devenir un passif ? Et si le partenaire était le premier à décider qu'il en a assez, de sorte que ma dévotion finisse à la poubelle ?

Tout cela nous conduit à tenter d'accomplir l'impossible : avoir une relation sûre tout en demeurant libre de la briser à tout instant... Mieux encore : vivre un amour vrai, profond, durable mais révocable à la demande... J'ai le sentiment que beaucoup de tragédies personnelles dérivent de cette contradiction insoluble. Il y a dix ans encore, la durée moyenne d'un mariage était de sept ans. Elle n'est plus que de 18 mois en 2017.

Un peu comme pour tous ces objets que nous achetons, nous vivons dans un monde saturé d'options. Nous croyons que la satisfaction ressentie à l'achat d'un objet, à la rencontre d'une personne, à l'aventure amoureuse n'est que temporaire. Il y a toujours un besoin d'aller voir ailleurs. Nous courons dans toutes les directions sans prendre le temps de réfléchir vraiment. Pourtant, le rôle de la pensée consiste à trouver ce qui gouverne nos gestes et nos paroles. Les baby-boomers et les X en ont fait les frais. Qu'en sera-t-il des Y et Z ? Nous nous perdons dans le champ des possibilités. À cela s'ajoute le besoin d'obtenir satisfaction rapidement. Notre seuil de tolérance à la frustration et au manque est en effet de plus en plus bas.

Si notre partenaire ne peut pas ou ne peut plus nous combler, il y a fort à parier que nous risquons d'aller chercher satisfaction ailleurs dès que l'occasion se présentera. « Ce qu'il y a de plus affreux, dans l'existence que mènent les femmes, c'est que nous aimons les hommes alors qu'ils nous désirent. Chacune d'entre nous se donne tout entière à l'un d'eux alors qu'ils oublient qu'ils sont dans nos bras aussitôt qu'ils nous ont pénétrées et courent apprendre partout ce qu'ils ne savent jamais », écrit Pascal Guignard dans *Les Larmes* (Grasset, 2016).

LA FAMILLE, UN CHANGEMENT DE PARADIGME

Plus la vie d'une société riche est confortable, plus on a de sécurité et de garanties pour l'avenir, moins les individus optent pour des choix qui les engagent sur le long terme, tels que mettre des enfants au monde.

Herwig Birg

Si la relation amoureuse subit de profondes transformations, la famille change elle aussi, c'est presque une évidence de l'affirmer. L'éclatement de la cellule familiale traditionnelle (papa + maman + enfant[s]) propre à la génération silencieuse est chose faite. Avec un taux de divorce et de séparation relativement élevé dans les pays industrialisés, la famille est de plus en plus monoparentale ou recomposée. Impossible de nos jours d'entreprendre un mariage ou une union libre sans envisager pareille éventualité qui porte un coup terrible à l'identité personnelle, que l'on soit parent ou enfant. Les soubresauts de la vie familiale nous montrent encore une fois que rien n'est désormais inscrit dans la durée pour les générations.

Le divorce, un passage obligé pour les générations ?

Les statistiques à ce propos sont éloquentes. Depuis 1987, le taux de divorce au Québec se maintient autour de 50 %. En 2008, ce taux a été de 49,9 % pour le Québec (données qui incluent les mariages entre gens du même sexe) contre 43 % pour l'ensemble du Canada. Les provinces de l'Alberta (49 %) et de l'Ontario (45 %) suivent de près le Québec, seulement dépassé par le Yukon (63 %). Terre-Neuve-et-Labrador se classe au dernier rang (27 %) cette année-là. En Europe, plusieurs pays affichent un taux de divorce à peu près comparable à ceux observés au Québec et au Canada : la France (45 %), le Luxembourg (46 %), la Suisse (48 %) et l'Autriche (48 %) (*Le bilan démographique du Québec,* édition 2011, Institut de la statistique du Québec).

Face à des telles statistiques, il est permis de se demander si le divorce ne serait pas devenu un passage obligé pour les générations. Cette fragilité des mariages contemporains semble atteindre son comble lors de la troisième année de mariage jusqu'à la septième année pour retomber ensuite progressivement. En 2008, le taux de divorce après trois ans de mariage était de 32 pour mille au Québec (Ce taux est de 31 pour mille après quatre ans et de 30 pour mille après six ans). La fin de la passion et de la séduction serait-elle à l'origine de tous ces divorces ? (On peut une fois de plus faire référence à la thèse de l'alchimie amoureuse du cerveau, évoquée plus haut, que défend notamment Lucy Vincent, neurobiologiste, dans *Petits arrangements avec l'amour* (Odile Jacob, 2006).) Ou serait-ce le degré d'exigence face au partenaire qui ne correspond pas à l'idéal recherché ? Ou encore le sentiment diffus mais tenace d'avoir perdu sa liberté ? Possible.

Sachant que l'hypermodernité entraîne le désir de fusion puis le désengagement, une réflexion s'impose. De nombreux spécialistes s'entendent pour dire que la vie amoureuse suit un cycle de trois phases sur plusieurs années : la fusion, la différenciation, la confrontation. Aujourd'hui, nous vivons à un tel rythme que ces trois phases ne prennent plus qu'une seule année, voire quelques mois à peine ! Il y a de quoi s'interroger ! Donnons-nous le temps de nous approprier et de vivre chacune de ces phases. À la moindre provocation, au moindre désaccord, nous avons tendance à abandonner la relation. Mais peut-on encore y croire ? Oui, je le pense. J'aime ces mots, très beaux, de l'auteur Nicolas Grimaldi (*Les métamorphoses de l'amour,* Grasset, 2011) sur l'amour : « La première révélation de l'amour, c'est que la solitude n'est plus insurmontable. La deuxième révélation, c'est que " l'Autre " n'est pas fatalement une énigme. Il n'est pas nécessairement incompréhensible. La troisième révélation de l'amour, c'est qu'il existe quelqu'un dont je n'ai pas spontanément à me méfier. »

Quoi qu'il en soit, la cohabitation au quotidien et ses aléas de même que l'arrivée d'un premier enfant semblent avoir raison des tourtereaux. La flamme, qu'on a tenté de faire durer, s'éteint définitivement. Si le risque de divorce semble diminuer avec la durée du mariage, la relation se consolidant avec le temps, il reste néanmoins présent (le taux de divorce est de 14 pour mille après 15 ans et de 4 pour mille après 30 ans). Le départ des enfants de la maison, la crise du mitan de la vie et la retraite entraînent de profondes remises en question qui peuvent conduire à une rupture. Autrement dit, presque toutes les générations peuvent aujourd'hui être touchées par cette réalité contemporaine qui semble vouloir s'imposer comme une tendance durable.

À peu près tous les experts en psychologie s'accordent sur ce point : le divorce est l'un des événements les plus traumatisants de l'existence et constitue une grande source de stress, peu importe que l'union ait duré 3 ans ou 33 ans. Concrètement, il est synonyme d'échec : l'on n'a pas su dire les mots, l'on n'a pas pu préserver son mariage. La fin d'une union libre, si elle n'implique pas les mêmes démarches légales qu'un divorce, engendre les mêmes traumatismes et les mêmes difficultés. L'union libre, mode de cohabitation jugé moins contraignant et plus égalitaire pour certains, compte de nombreux adeptes au Québec, champion toute catégorie en la matière au Canada : 31,5 % des couples vivent ainsi dans la province contre 16,7 % au Canada, selon le Recensement de 2011. Si, en union libre, la séparation est plus aisée, elle peut parfois être aussi désastreuse qu'un divorce. Car, sur le plan légal, ce type d'union comporte moins d'avantages : au Québec, il n'offre encore aucune protection concernant le patrimoine familial ni d'encadrement légal, ce qui signifie qu'en cas de rupture, il n'y a aucun partage du patrimoine familial ni pension alimentaire. La perte de l'influence de l'Église dans les années 1960 et la montée du féminisme sont souvent évoqués pour expliquer la plus forte proportion d'unions libres au Québec que dans le reste du Canada.

Célibat et monoparentalité

Il y a peu de temps encore, être célibataire signifiait n'avoir jamais été marié. C'était d'abord et avant tout un statut civil peu valorisé. Aujourd'hui, le célibat est davantage un mode de vie, transitoire ou non, que choisissent des veufs, des gens séparés ou divorcés, des étudiants, bref, des hommes ou des femmes de tout âge. Le célibat est si répandu en ce début du XXIe siècle que personne ne songerait plus à se moquer d'une femme célibataire de plus de 25 ans et à la traiter de « vieille fille » à la Sainte-Catherine, le 25 novembre. Seuls les plus âgés se souviennent encore de cette tradition, en voie de disparaître définitivement. Être célibataire n'est plus suspect ni ne constitue un handicap social comme autrefois. Les chiffres sont là pour le prouver. À Montréal, selon le recensement de 2006, 54,16 % d'hommes et de femmes se sont déclarés célibataires. À Québec, ce pourcentage était de 56,39 %. (Note : Les célibataires recensés par Statistique Canada en 2006 incluent les hommes et les femmes qui répondent aux critères suivants : « jamais marié(e) », « séparé(e) », « divorcé(e)», et « veuf(ve) ».)

Ce mode de vie serait-il si apprécié qu'il rivaliserait désormais avec celui de la vie de couple ? Avec les valeurs de liberté et d'individualisme que met de l'avant le célibat, il est permis de le penser. Cependant, l'amour reste la grande quête de l'existence. En savourant sa liberté retrouvée et en attendant de panser ses plaies, l'individu vit une période de transition de plus ou moins longue durée.

Tel est le cas de cette avocate, mère de cinq enfants, qui, au début de la quarantaine, savait déjà qu'elle allait mettre fin à son mariage un jour ou l'autre. Mais comme beaucoup de femmes, elle a préféré attendre que les enfants grandissent, en espérant qu'elle aurait une seconde chance plus tard. Aujourd'hui, à 55 ans, enfin libre et heureuse de son indépendance, elle cherche à nouer une relation avec un homme, sans se presser, et qui sera porteuse de sentiments sincères et réciproques. Le célibat, pour le moment, lui va à merveille ! Ce n'est pas le cas de ce père de quatre enfants, dont la femme a décidé un jour de le quitter afin de vivre sa vie de jeunesse, plus libre, plus éclatée, avec le jeune amoureux de ses 18 ans. Cette rupture a provoqué un véritable choc émotionnel chez ce père qui, quatre années plus part, ne s'en est toujours pas remis... Tous deux sont aujourd'hui parents de familles monoparentales.

La monoparentalité fait maintenant partie des situations transitoires que vivra un individu à un moment précis ou à plusieurs reprises au cours de son existence. Par *monoparentalité*, nous entendons une famille composée d'un adulte, homme ou femme, et d'au moins un enfant qui, précisons-le, continue généralement de voir l'autre parent sur une base régulière ou occasionnelle – bien que dans certains cas, il n'y ait plus de contact entre eux. Le phénomène vaut la peine qu'on s'y intéresse, car il est devenu la réalité de beaucoup de gens dans les pays industrialisés. En 2008, l'INSEE (Institut national de la statistique et des études économiques, France) a dévoilé que les familles monoparentales françaises sont 2,5 fois plus nombreuses que dans les années 1960 et concernent une famille sur cinq. Au Québec, la monoparentalité est également en croissance constante. Selon Statistique Canada, en 1981, 10,9 % des enfants québécois de 5 à 9 ans vivaient avec un seul parent. Dix ans plus tard, cette proportion s'établissait à 14,9 % en 1991 et à 16,6 % en 2011.

C'est connu et admis, la monoparentalité, largement féminisée, engendre des conditions de vie difficiles : stress, détresse psychologique, problèmes financiers, conciliation travail-famille ardue, etc. Dans 85 % des cas, selon l'enquête de l'INSEE de 2008, ce sont des femmes qui sont à la tête de familles monoparentales, souvent parce que ce sont elles encore qui obtiennent la garde des enfants. Selon une autre étude de l'INSEE datant de 2005, les mères monoparentales françaises, moins scolarisées que les femmes en couple, fournissent l'essentiel des revenus alors que la moitié d'entre elles seulement occupent un emploi à temps plein.

Plus souvent locataires que propriétaires, ces femmes vivent dans des conditions de logement plus difficiles et plus précaires que les couples avec enfants. Preuve de la précarité de leur mode de vie, 10 % de ces familles habitent avec d'autres personnes, généralement un parent. En d'autres termes, le risque de pauvreté est plus grand dans leur cas. Et que dire de la situation au Québec ? Elle est à peu près comparable. En 2006, les 352 825 familles monoparentales québécoises représentaient près de 3 familles sur 10 avec enfants (27,8 %), avec une plus grande concentration dans la ville de Montréal (33 %). En 2011, 76 % des familles monoparentales étaient dirigées par un parent de sexe féminin, selon l'Institut de la statistique du Québec. Leur situation socio-économique semblait aussi précaire qu'en France : bas niveau de scolarité, faibles revenus, emploi à temps partiel, chômage, aide sociale semblent être le lot d'une part considérable de mères monoparentales québécoises, malgré les nombreuses formes d'aide qui s'offrent à elles (aide gouvernementale, système de perception automatique des pensions alimentaires, associations, etc.).

Si la monoparentalité reste majoritairement féminine, la situation évolue au Québec d'un recensement à l'autre, et varie selon l'âge de l'enfant. Mais il n'y a pas de quoi bouleverser les données statistiques pour l'instant. Les données du Recensement 2006 de Statistique Canada montrent en effet que de plus en plus de foyers monoparentaux sont dirigés par des hommes. Si seulement 14,2 % des pères ont la charge d'un enfant en bas âge (de 0 à 4 ans), cette proportion augmente lorsque l'enfant a entre 15 et 17 ans (27,1 %). S'il appert que la situation socio-économique des familles monoparentales dirigées par un homme est généralement plus favorable, elle n'en demeure pas moins fragile elle aussi. Les pères monoparentaux reçoivent peu de soutien de leur communauté et sont victimes des stéréotypes. À l'instar de ce que vivent les femmes, la conciliation travail-famille serait également un problème pour eux.

Que l'on soit maman ou papa solo, la situation n'est donc pas simple. L'un comme l'autre doit composer avec le train-train quotidien, le travail et la vie amoureuse, si elle existe. Les parents solos sont aux prises avec de nombreux problèmes : l'éducation des enfants, l'exercice de l'autorité, l'équilibre des finances personnelles, les inconvénients de la garde partagée qui, hélas, ne se fait pas toujours dans l'harmonie, le manque de temps pour soi, la fatigue, le stress. Autant de situations éprouvantes qui expliquent les SOS lancés par tant de parents solos à leur entourage.

Un portrait de famille recomposée

Dans de telles conditions, l'idée que l'on pourra aimer de nouveau paraît si lointaine, si inaccessible, qu'on ose à peine y penser. Un jour pourtant, les plaies guéries et l'estime de soi retrouvée, cette possibilité renaît. Loin d'être un long fleuve tranquille, la vie emprunte une trajectoire inconnue et palpitante. *Speed dating*, agences de rencontre, applications et sites Internet de rencontre – par exemple Réseau Contact et Plenty of Fish –, clubs de sport, activités culturelles, sorties dans les bars et les restaurants, tous les moyens sont bons pour rencontrer un ou une partenaire avec qui, on l'espère, on partagera de nouveau sa vie. À bas le célibat ! On se reconnecte ! Vive le couple nouveau, vive la famille recomposée, une autre réalité de la société contemporaine à multiples facettes pour les nouvelles générations !

Chaque année, de nouvelles familles se recomposent. À titre d'exemple, selon une enquête de l'INSEE, la France comptait en 2011 1,5 million d'enfants vivant dans 720 000 familles recomposées. Plus précisément, 18 % des moins de 18 ans vivaient dans une famille monoparentale et 11 % dans une famille recomposée. Au total, 29 % des enfants français de moins de 18 ans ne vivaient pas dans une famille traditionnelle en compagnie de leurs parents biologiques. En 2011, selon l'Institut de la statistique du Québec, 16,1 % des familles étaient recomposées. En croissance comme la famille monoparentale, la famille recomposée rogne ainsi d'année en année la part occupée par la famille biparentale traditionnelle.

Les familles recomposées se distinguent par le fait qu'elles ont été créées non pas à partir d'un couple, mais à partir des enfants. Ce renversement de perspective, si l'on peut dire, change la donne et rend ainsi l'exercice de l'autorité familiale plus périlleux. À qui appartient-elle d'ailleurs ? Au parent ou au nouveau partenaire ? Pour un enfant, le nombre de parents se trouve au minimum multiplié par quatre à la suite d'une séparation. L'enfant peut en jouer, surtout s'il souffre de la séparation de ses parents. Le rôle du nouveau conjoint demande à être clarifié dès le départ : bien qu'il ne soit pas un parent, c'est un adulte qui a tout de même un rôle éducatif à jouer et une place à tenir. En fait, c'est au parent de légitimer celle-ci auprès de son enfant, chose qui demande du temps et de la patience. La constitution d'une nouvelle famille est complexe et requiert une solide confiance en soi et beaucoup d'amour de la part du nouveau couple. C'est là tout le défi de la coparentalité.

Et l'enfant dans tout cela ?

Le contexte a bien changé. Autrefois, les familles se sont construites autour de la fidélité, de l'engagement, de la loyauté. Éduquer un enfant était défini par la discipline, la rigueur, l'autorité, le respect. Les enfants vivaient dehors, la vraie vie, autour d'un quartier, de voisins, de nombreux amis, de jeux simples. C'était l'époque où les mères sortaient dans la ruelle pour en attraper un par le cou, ironise Yvon Deschamps, humoriste, dans un monologue inspiré de son enfance à Saint-Henri. Car dans ce temps, l'enfant fautif risquait les réprimandes de tout adulte témoin de ses fariboles. Cette capacité à se soutenir entre parents, à faire de notre quartier un lieu d'échanges et de confiance semble perdue.

Dans l'ancien modèle où une famille pouvait vivre à proximité de son cercle élargi ou encore partager avec lui le même toit, il y avait nécessairement une plus grande implication d'autres personnes adultes dans l'éducation des enfants. Il y avait plus d'entraide à l'époque, affirme Carl Lacharité, directeur du Centre d'études interdisciplinaire sur le développement de l'enfant et de la famille à l'Université du Québec à Trois-Rivières (UQTR). « L'enfant avait alors un accès direct aux adultes. Il y avait bien sûr des courants dans l'éducation des enfants, mais pour monsieur ou madame Tout-le-monde, l'éducation se résumait au gros bon sens, et les curés se prononçaient sur ce qu'il fallait ou ne fallait pas faire », résume le professeur en psychologie.

Cependant, avec la valorisation du couple et la montée de la famille nucléaire au milieu du XXe siècle, les anciennes façons de faire se sont étiolées graduellement. D'autres facteurs expliquent cette modification des perceptions dans l'éducation de notre progéniture, notamment l'arrivée des femmes sur le marché du travail. Puisque nous avons peu d'enfants, nous les voulons accomplis. Autrefois, tout se faisait naturellement dans l'éducation des enfants, sans l'aide de spécialistes. Aujourd'hui, les parents ont recours à des programmes, à des intervenants pour éduquer l'enfant, dans l'espoir d'atteindre les standards de réussite ou encore d'élever leurs niveaux de compétences et de savoirs utiles à leurs apprentissages. Il y a toujours chez le parent la peur de ne pas être à la hauteur ou encore de prendre du retard sur l'éducation de son enfant. Pour chaque situation jugée difficile, le parent cherche immédiatement à encadrer son enfant.

En réponse à cette nouvelle réalité, l'enfant devient un projet de société partagé entre les parents, l'État, les enseignants et divers intervenants. « Les enfants sont devenus des citoyens dans l'espace public, avec des systèmes organisés pour répondre à leurs besoins », estime Jean Chênevert, intervenant en soutien aux communautés pour Avenir d'enfants. Le paradoxe de cette implication multiple est que le parent, autrefois considéré comme l'expert, est devenu le partenaire des spécialistes. Et puisqu'on paye pour différents services, on se dit que c'est probablement mieux, selon Carl Laliberté. Or, plus il y a d'intervenants, plus il y a de risques qu'ils ne s'entendent pas, souligne-t-il.

Avec l'arrivée de la génération Y et puis de celle des Z, l'éducation a été considérablement modifiée. Éduquer, c'est se lover dans le confort de la séduction par crainte de ne pas être aimé de son enfant, mais c'est aussi éduquer par procuration. Construire une famille dans un mode où les attitudes et les comportements des parents consistent à plaire, à protéger l'enfant, l'adolescent et le jeune adulte altère ses défenses (rigueur, combativité, discipline). L'éducation a été remplacée non seulement par la séduction, mais aussi par l'obsession protectrice.

Il n'y a plus de place pour les réprimandes, la douleur, la souffrance. Plus aucun voisin ne peut intervenir pour accompagner les parents, même les grands-parents dérangent lorsqu'ils interviennent… Le conflit devient insupportable à tel point qu'un enfant n'arrive plus à se confronter, à fermer les poings dans le but non pas de frapper l'autre, mais de se donner le courage d'aller vers l'autre pour dialoguer. Charles Rojzman, psychothérapeute social français, écrit : « Cultivons le conflit pour dialoguer ensemble. Je n'entends pas par violence la seule agression physique mais également l'humiliation, l'indifférence, la victimisation, la culpabilisation, l'intimidation. Cette violence est attisée par la crise que nous vivons, mais sa cause principale vient de ce que nous n'avons pas appris à entrer en conflit. »

La famille est le lieu qui permet l'évolution d'un enfant, sans négliger l'école comme tremplin au développement des connaissances. Ne soyons pas dupes des effets aléatoires, pour ne pas dire suspects, de l'horizontalité. À l'école, il pourrait s'avérer imprudent de remplacer l'éducation par la formation, les connaissances par les compétences, l'enseignement par la pédagogie, la matière par la méthode, l'étudiant par le client. Le monde du travail influence trop par moments le développement de l'enfant, de l'adolescent, du jeune adulte par rapport à ce qu'il doit apprendre. Si le contrôle des affects est nécessaire à toute société, que se passe-t-il lorsqu'il s'exerce par les logiques marchandes et managériales ?

LE TRAVAIL EN CHANGEMENT

La culture nouvelle commence là où le travailleur et le travail sont traités avec respect.

Maxime Gorki

Comme nous le mentionnions précédemment, l'identité professionnelle occupe une place considérable dans nos vies. Réussir au travail représente un idéal pour les générations actuelles et une façon de se distinguer. Se sentir efficace, compétent, apprécié et rémunéré en conséquence sont autant de « prothèses à notre estime de soi ».

Cependant, le travail peut aussi apporter son lot de problèmes. Comme tous les aspects de l'existence, celui-ci se modifie aussi sous le coup de la disparition de la société du destin. À quelques exceptions près, les parcours en ligne droite qu'ont connus la génération silencieuse et bien des baby-boomers sont désormais chose du passé. Au cours de leur vie, la majorité des hommes et des femmes changeront de métier ou de profession à quelques reprises, occuperont plusieurs emplois et vivront des épisodes de chômage et des retraits du marché du travail (maternité, retour aux études, maladie, etc.). En outre, il leur faut travailler plus pour obtenir un niveau de vie décent. Selon une enquête de l'INSEE réalisée en 2009, il fallait 11 années, dans les années 1960, pour qu'un ménage de catégorie moyenne atteigne la catégorie aisée. Aujourd'hui, il lui en faut 32 ! Les classes moyennes ont de plus en plus de mal à dégager les marges nécessaires pour améliorer leur statut. Soumises aux aléas de l'économie mondiale, les entreprises de toute taille n'hésitent pas à réduire leurs effectifs. Pour demeurer productives et concurrentielles, elles poussent à leurs limites les salariés, engendrant stress et fatigue chez beaucoup d'entre eux. De leur côté, les femmes, malgré tous les progrès accomplis en matière d'éducation et la place à peu près égale à celle des hommes qu'elles occupent sur le marché du travail, n'arrivent encore pas à se hisser en nombre aux plus hauts échelons.

Quand le stress l'emporte

Le stress semble à l'ordre du jour sur le marché de travail. Personne n'y échappe. À plus ou moins divers degrés, employés, cadres et gestionnaires semblent en souffrir. Il appert qu'une faible estime de soi augmenterait encore davantage ce risque. Selon Dolan et Arsenault, auteurs de *Stress, estime de soi, santé au travail* (Québec, PUQ, 2009) et spécialistes réputés en stress organisationnel ayant mené des centaines d'entrevues auprès de gestionnaires et de professionnels dans le monde entier, « le manque d'estime de soi produit un surcroît de stress parce que l'insécurité qui l'accompagne draine inutilement l'énergie de la personne qui en souffre. En outre, il arrive souvent que l'environnement de l'entreprise lui-même "attaque" l'estime de soi des travailleurs ou mène à des conflits d'origine émotionnelle, lesquels sont à leur tour une source de stress. Les personnes qui ont une saine estime de soi s'en tirent dans de telles circonstances. »

Pourquoi donc le marché du travail génère-t-il tant de stress chez les travailleurs ? Deux phénomènes connus sont ici à considérer : la mondialisation des marchés, d'une part, et la récession économique, d'autre part. Le marché du travail favoriserait l'éloignement des citoyens par rapport aux institutions traditionnelles comme leurs villages et leurs familles élargies, affaiblissant ainsi leurs liens à la société qui les entoure.

Comme chacun le sait, la mondialisation de l'économie a entraîné des changements sans précédent. Ses acteurs, de tous pays, se déplacent à un rythme effréné. L'Inde remplit pendant la journée les formulaires d'impôt de l'Amérique qui dort, tandis que les chefs d'entreprise new-yorkais débordés font appel à des secrétaires à distance installées à Bangalore. À la même minute, les sociétés japonaises délocalisent leurs centres d'appels à la frontière chinoise. Quand un ouvrier roumain part cueillir des fraises en Espagne, c'est un Chinois qui le remplace dans son usine de textile. Des industriels européens font aujourd'hui appel à de la main-d'œuvre chinoise pour faire tourner leurs usines.

Certes, la mondialisation a du bon : de nombreux travailleurs dans les pays pauvres ont pu accéder à un meilleur niveau de vie, des entreprises ont pris une expansion sans précédent et, en Occident notamment, la chute des prix a permis à la population d'acquérir des biens de toutes sortes. Mais elle a aussi ses revers : en Amérique du Nord et en Europe, plusieurs usines ont fermé leurs portes en raison d'une concurrence accrue des pays asiatiques, et des secteurs d'emploi, tel que celui du textile, ont complètement disparu, produisant leur lot de chômeurs qui perdent ainsi leur statut social.

Pour demeurer concurrentielles, nombre d'entreprises en Occident ont augmenté leur productivité, réduit leur personnel et exigé davantage de celui resté en place. Les cycles de récession se sont par ailleurs rapprochés, fragilisant les économies des pays industrialisés. La crise de 2008-2009, engendrée par le crédit facile et le manque de régulation du système bancaire, directement liés au laisser-faire de l'économie capitaliste, s'est répandue et généralisée à l'ensemble de la planète. Si la récession mondiale a été endiguée aux États-Unis, dont le taux de chômage en juin 2017 se situait à 4,4 %, et au Canada où il se situait à 6,5 %, pays où la récession a été moins profonde et plus brève que dans les autres pays du G7 par exemple, la reprise est moins évidente ailleurs dans le monde.

Prenons le cas de l'Union européenne. Entre mars 2016 et mars 2017, selon Eurostat (office de statistique de l'Union européenne), le taux de chômage atteignait 8 %, soit le plus faible taux depuis janvier 2009. C'est en République tchèque (3,2 %) et en Allemagne (3,9 %) que l'on observe les taux de chômage les plus bas. En France, le taux de chômage durant cette période est demeuré le même (10,1 %). Deux pays continuent d'afficher un taux de chômage élevé : la Grèce (23,5 %) et l'Espagne (18,5 %) suivis de loin par l'Italie (11,7 %). Les jeunes de moins de 25 ans sont toujours historiquement les plus touchés par le phénomène, notamment à cause du travail saisonnier : en mars 2017, leur taux de chômage se situait à 17,2 % dans l'Union européenne (comparativement à 19,1 % en mars 2016). C'est en Allemagne que leur taux de chômage est le plus faible (6,7 %), alors que la Grèce (48 %), l'Espagne (40,5 %) et l'Italie (34,1 %) affichent les taux les plus élevés. Le taux de chômage en France chez les moins de 25 ans (23,7 %) continue d'être élevé.

Ces ratés de l'économie capitaliste sont le terreau fertile à des conditions de vie difficiles pour une partie de la population. Une nouvelle classe, celle des *working poor*, prend de plus en plus d'essor à l'échelle de l'Occident. En français, on emploie plutôt le terme *précariat*. Néologisme formé à partir des mots *précarité* et *salariat*, le précariat désigne de plus en plus la réalité des travailleurs d'aujourd'hui : des salariés à faibles revenus qui gagnent tout juste de quoi vivre. Ce sont très souvent, en Amérique du Nord, des salariés à temps partiel qui occupent des emplois non qualifiés ou peu qualifiés, ou encore des travailleurs au noir. Le précariat est synonyme d'avenir contrarié, ballotté, de difficulté, voire d'impossibilité à construire sa vie ou, du moins, à s'inscrire dans la durée. Ces travailleurs sont, à toutes fins utiles, à la base de la hiérarchie des besoins de la théorie de Maslow, préoccupés par leur survie immédiate.

Tous n'en sont pas là, heureusement. Mais beaucoup de salariés des nouvelles générations subissent les contrecoups des soubresauts de l'économie et des conséquences de la mondialisation : salaire stagnant, réduction de personnel, menace de licenciement, accroissement des tâches et de la productivité, suivi accru du rendement, etc. Certains sont aussi victimes de harcèlement ou de mise au rancart, une façon indirecte de leur montrer la porte. Selon une enquête menée par la firme de consultation Mercer en 2011, environ le tiers des salariés français songeraient à quitter leur entreprise actuelle, une augmentation de 57 % par rapport à 2007. Quand on demande aux Français quelle image ils ont de leur société, ils décrivent... une pyramide. La situation est comparable en Espagne. Au Canada et au Royaume-Uni, le pourcentage grimpe à 36 % et atteint même à 40 % en Italie (enquête citée dans la revue *Sciences humaines*, décembre 2011). Face à cette réalité, que peuvent-ils faire ?

Dans le monde d'hier, les ouvriers étaient tous peu ou prou dans la même position : soumis à la même règle, à la même discipline. Ils étaient incités à unir leurs forces pour améliorer leur sort. La grève, pour ne prendre que cet exemple, était une arme efficace : patrons et ouvriers dépendaient les uns des autres. Ce n'est plus le cas. La délocalisation permet aux employeurs de se passer éventuellement de leurs salariés. La dépendance est aujourd'hui à sens unique. Il appartient dorénavant aux salariés de rivaliser pour attirer l'attention du service des ressources humaines ; ils se voient les uns les autres comme des concurrents potentiels. La lutte pour l'égalité perd dès lors de sa substance. C'est chacun pour soi. Seule solution : garder son CV à jour et demeurer à l'affût d'une meilleure offre sur les sites d'emploi spécialisés ou sur le réseau LinkedIn. Une stratégie pour préserver son employabilité qui est aussi une préoccupation pour les générations au travail.

Le rythme de vie d'aujourd'hui, effréné, n'a pas d'égal avec celui du passé. On peut chercher du côté de nos choix de vie pour expliquer le stress ! Mais il reste que celui-ci trouve sa source principalement dans le travail. Un employeur qui voudrait améliorer la santé mentale de ses collaborateurs peut agir sur trois fronts : revoir l'organisation du travail pour rendre les tâches des travailleurs stimulantes et significatives, rémunérer les employés de manière juste et équitable, et améliorer les relations interpersonnelles en faisant preuve de plus de compassion. Voilà déjà un bon départ pour faire face au stress, mais il y a aussi l'individu et sa volonté d'agir, de se responsabiliser et surtout de ne pas chercher un coupable pour tout ce qui lui arrive, quelles que soient les circonstances.

Porté par un sentiment d'urgence et par un désir de réussite, l'individu cherche à combler ses besoins et ses désirs dans le but premier d'obtenir une gratification immédiate. Nous savons tous l'importance de desserrer l'urgence (voir le graphique ci-dessous) pour faire face aux aléas de la vie. Comme vous pouvez le constater sur le graphique, le stress n'est que la première étape d'une ascension qui, suivant la résistance de chaque individu aux exigences et à la rapidité de la vie moderne, peut provoquer le développement de maladies.

Graphique 1 - Du stress à la maladie

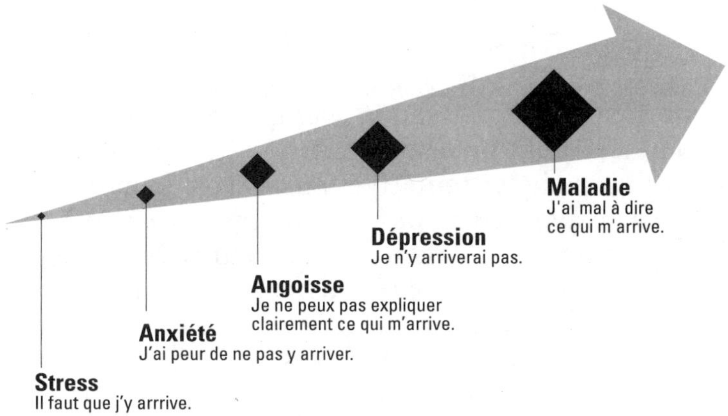

Quand les générations s'en mêlent

Cela dit, au sein de l'entreprise, des changements s'opèrent aussi. Les employés évoluent dans leur façon de voir leur travail au quotidien et refusent d'être traités sans considération. L'arrivée de la génération X puis de la génération Y ont modifié considérablement le monde de travail au cours des 30 dernières années, dans le sens d'une plus grande horizontalité. Moins d'autorité, plus d'autonomie et de respect individuels, tel pourrait être leur leitmotiv. Face aux demandes des X et des Y, les gestionnaires, notamment les baby-boomers respectueux de la hiérarchie et de l'ancienneté, grincent des dents, comme j'ai pu moi-même le constater en tant que conférencier au cours de la dernière décennie.

Si des entreprises ont adopté de nouvelles pratiques plus en adéquation avec les exigences de ces deux générations, nombre d'entre elles persistent dans un modèle de gestion plus traditionnel, avec quelques incursions timides dans l'horizontalité (voir le tableau 5). Le pouvoir reste largement vertical, la hiérarchie bien présente et l'ouverture au changement limitée. Le modèle horizontal d'Apple ou de Google, qui valorise l'autonomie et l'expression de l'imagination dans un cadre décontracté, leur semble difficile à appliquer, voire même contre-indiqué. Des gestionnaires, pleins de bonnes intentions, m'ont confié s'être ravisés après avoir fait quelques tentatives en ce sens. L'un d'entre eux m'a dit avoir abandonné le télétravail parce que les employés ne respectaient pas les heures de présence requises au bureau et n'obtenaient tout simplement pas les résultats escomptés. Un autre encore avait dû sévir parce que des employés, malgré un horaire plus flexible, arrivaient systématiquement en retard. Cela dit, tous n'écartaient pas l'idée de revoir et de reprendre l'expérience plus tard, moyennant quelques ajustements au contrat de travail.

Malgré ces ratés, le mouvement vers davantage d'horizontalité est amorcé pour de bon. Les départs à la retraite des baby-boomers, le vieillissement de la population et la demande pour une main-d'œuvre qualifiée de plus en plus mobile et qui n'hésite pas à traverser les frontières feront en sorte que les entreprises n'auront pas le choix de revoir leur style de gestion pour accueillir et retenir des travailleurs et des professionnels qui ont une vision et une éthique différentes du travail. Avec la montée de l'horizontalité, l'entreprise n'a plus d'autre option que de veiller au bien-être, au respect et à l'épanouissement de ses employés, de ses collaborateurs, une ressource inestimable sans quoi rien ne serait possible…

Tableau 5 - Entreprise verticale versus entreprise horizontale

ENTREPRISE VERTICALE	ENTREPRISE HORIZONTALE
Le chef	L'équipe
La hiérarchie	Le partage des responsabilités
Le salaire	La bonification et la gamme d'avantages sociaux
La machine	L'homme
Les ordres, les consignes	Les rencontres informelles
Une tâche simple et répétitive	Une tâche complexe
La force physique	Le cerveau
Un horaire fixe	Un horaire variable et flexible
La présence au travail	Le télétravail, le temps partagé
La formation de base	La formation continue
La dépendance	L'autonomie dans les décisions
La fermeture aux idées et aux critiques	L'ouverture aux suggestions et à la critique
Faire confiance	Me faire confiance
Privilégier le travail	Privilégier le jeu
Un rôle stable	Un rôle instable
Le résultat domine	L'ambiance domine
Satisfaire le groupe	Satisfaire l'individu
Pour qui nous travaillons	Pourquoi je travaille
Reconnaissance de la conformité	Reconnaissance de la distinction
Communication de transmission	Communication de négociation

Qui changera qui ?

Les entreprises attendaient autrefois que les employés soient tout simplement présents. Désormais, elles exigent d'eux qu'ils se montrent transparents. Hier, c'étaient les corps et les mouvements dans les usines que Frederic Winslow Taylor et Henry Ford traquaient. Dorénavant, ce sont les valeurs des collaborateurs, leurs croyances, leur intériorité, leur personnalité qui sont convoitées. Une évolution sociologique majeure. Sous l'influence du management postmoderne, la frontière entre la sphère privée et la sphère publique devient un enjeu de lutte historique.

Les managers recherchent l'« efficacité totale», à grands coups d'organisation matricielle, de logique de réseau, de bureau virtuel, de *team*, de *process*, de *task force* et autres *fringe benefits*. À ce modèle managérial correspond un collaborateur mutant, sorte de superman dont les qualités personnelles comme le « savoir-être » deviennent aussi importantes pour sa carrière que ses talents professionnels, c'est-à-dire le « savoir-faire ».

Hier, hormis leur préoccupation pour les opinions politiques et syndicales de leurs futurs employés, les chefs du personnel examinaient avant tout les capacités « techniques » des candidats – attestées par l'expérience et par les diplômes, validées par les certificats de travail et sacralisées par le cahier des charges. Actuellement, les directeurs de ressources humaines complètent leurs investigations en étudiant avec une extrême attention le profil de personnalité du candidat potentiel, ses compétences sociales, son « intelligence émotionnelle » (ou QE), sa « résilience », son talent pour créer des liens, animer des réseaux internes, communiquer et gérer des conflits. Bref, pour incarner les nouveaux canons de l'excellence organisationnelle.

Les nouvelles générations ne sont évidemment pas dupes de ce mouvement pervers. Elles comprennent aisément que ce management relève d'une stratégie destinée à mettre les individus au travail, les contrôler, les prendre au piège de leurs propres désirs, les séduire. La plupart savent très bien déjouer les stratagèmes et opposer des tactiques à cette transparence nécessaire et à ce dévoilement obligé. Elles sentent intuitivement que ce management vise à abolir la distance entre le travailleur et l'entreprise et tente d'engendrer l'adhésion aux valeurs des organisations. Elles ne désirent ni marcher sur des braises, ni vivre des raids de survie, ni suivre des cours de management de soi-même, ni enfin être psychanalysées sur leur lieu de travail. Elles savent pertinemment que l'entreprise ne leur offre pas un cadre de protection suffisant pour tout dire, tout montrer, tout dévoiler et donner accès à leur employeur au plus précieux d'eux-mêmes : leur identité de femme ou d'homme.

Les entreprises qui sauront reconnaître les besoins et les attentes particuliers des jeunes employés se démarqueront des autres et consolideront ainsi leur avenir, voire leur réussite. Les jeunes représentant la relève, il importe de mettre en place dès maintenant des politiques de ressources humaines qui tiennent compte de la vision et des valeurs des nouvelles générations – en gardant à l'esprit que les employés aspirent à être des citoyens, et non de simples ressources humaines. On doit amorcer ce virage vers l'avenir en commençant par faire un diagnostic organisationnel, puis en le complétant par l'élaboration d'un manuel d'employés traduisant des politiques de gestion des ressources humaines adaptées aux nouvelles réalités. Sous la pression de leurs salariés, les dirigeants d'entreprises vont devoir se montrer plus ouverts et surtout plus pédagogues. Les employeurs devront trouver des moyens, voire des lieux informels, permettant aux nouveaux travailleurs de partager leurs expériences et ainsi de reformuler ce qu'ils ont appris.

Il est d'autant plus impérieux de bien intégrer les nouvelles générations dans le monde du travail que la situation démographique de l'Occident est préoccupante. Le nombre de travailleurs a commencé à baisser en 2017 au Canada. Relancer le taux de natalité ne doit pas être un objectif en soi et, surtout, cela ne doit pas nous détourner des vraies valeurs que sont la lutte pour l'égalité entre les hommes et les femmes ou la volonté de mieux intégrer dans la société les populations d'origine étrangère et les personnes âgées. Si les gouvernements ne réagissent pas, leurs politiques publiques risquent d'être dictées par l'urgence. Elles devront parer au plus pressé en consacrant une grande partie de leurs moyens à la santé des personnes en fin de vie. L'équilibre entre les générations en sera bouleversé. Les dépenses iront en priorité aux plus âgés. Or, il faut des moyens pour préparer l'avenir, en particulier en améliorant l'insertion professionnelle des jeunes.

À présent, les populations savent qu'elles n'ont plus besoin de faire beaucoup d'enfants pour assurer leur descendance. Nous vivons de plus en plus longtemps, et en bonne santé. L'un des rêves de l'humanité est en train de se réaliser. Il est temps d'adapter nos sociétés à ce bouleversement, au lieu d'exhorter les Occidentaux à faire plus d'enfants. Repensons nos cycles de vie. Le modèle actuel – études, travail, retraite – n'est plus satisfaisant. La répartition du travail entre les générations doit se faire autrement. Les « vieux » d'aujourd'hui ne sont plus les vieillards d'hier. Restons donc sur nos gardes quand nous interprétons les projections démographiques !

Dans les pays développés, il y a aujourd'hui 25 personnes de plus de 65 ans pour 100 actifs ; on en comptera environ 53 en 2050. De plus, les individus entrent de plus en plus tard dans la vie adulte et sur le marché du travail. L'enjeu principal des prochaines décennies sera donc d'améliorer le taux d'emploi des plus de 50 ans. Pour ce faire, les pays développés doivent absolument encourager le travail des aînés et le rallongement de la vie active s'ils veulent relever le défi du vieillissement de leur population. De nombreux pays ont déjà réduit les possibilités de retraite anticipée (par exemple, Italie, Finlande, Espagne, Norvège et France), augmenté l'âge légal de départ à la retraite (Autriche, Suisse et Belgique) ou encouragé le travail après cet âge (Espagne, Danemark et Royaume-Uni). L'Allemagne va s'effondrer dans 50 ans à cause de sa démographie. L'Allemagne aura perdu 10 millions d'habitants et la France en aura gagné 10 millions.

De manière globale, la remise en cause du monde du travail tient à ces dits et à ces non-dits. Les dirigeants des entreprises s'efforcent de ne pas perdre totalement la face, quitte à nier l'évidence. On ne peut plus ridiculiser ou caricaturer la vision des jeunes travailleurs, ni entretenir la suspicion à l'égard de leur désir bien naturel de conserver, dans la mondialisation, une certaine souveraineté sur leur destin et leur identité, pas plus qu'on ne peut balayer avec mépris toute critique. Ce sont tous ces facteurs, auxquels s'ajoutent les inquiétudes et les incertitudes tenant à ce qu'est leur identité, qui ont poussé les jeunes à frapper aussi fort en proclamant leurs revendications.

Mais, et depuis toujours, on peut aussi faire un bon usage de la mondialisation, qui concerne également les échanges intellectuels et culturels. Les nouvelles générations devront se démarquer pour s'approprier à la fois le langage nécessaire pour nommer le monde, mais surtout garder une curiosité insatiable de ce qui se passe à l'étranger. Nommer la Chine ne suffit plus. Toute l'Europe doit aussi les intéresser, mais également le Brésil, le Mexique, l'Inde, la Turquie, la Russie, ainsi que les autres pays de l'Est, de l'Ouest, du Nord comme du Sud. Le registre est large, très large. Outre la langue, il y a aussi les coutumes, les traditions, les convenances, les appréhensions. Tout se mêle lorsqu'il s'agit de s'asseoir et de discuter affaires, ou simplement de se comprendre. Chers employeurs du secteur privé ou du secteur public, ne tardez pas à proposer un séjour à l'étranger aux employés désireux d'approfondir leurs connaissances, leurs approches, leur originalité, voire leur expertise.

La logique de la création doit aussi tenir compte de la notion d'expérience et d'émergence. Qu'est-ce qui se manifeste dans les rapports entre le gestionnaire et les nouvelles générations ? Cette idée d'émergence – comprise également dans les sens de gestation, d'apparition et d'activité – structure les différentes logiques de la création. Dans toute initiative visant à mettre en place de nouveaux projets, s'ouvrir aux multiples intelligences et aux savoirs des autres (gestionnaires, employés), c'est sans contredit faire un pas dans la bonne direction. À la différence du spécialiste enfermé dans un champ de savoir, le créateur s'intéresse aux recoupements, aux chevauchements, aux intersections : il travaille dans plusieurs disciplines, circule à travers plusieurs cultures et plusieurs langues, cultive des approximations divergentes et s'interroge sur leur compatibilité. Les employeurs doivent ainsi relever un défi majeur : permettre à la main-d'œuvre de se sentir partie prenante de l'avenir de son entreprise.

Toutes les sociétés cultivent l'idée qu'elles ont en leur sein des individus qui incarnent l'exception. Ce sont aujourd'hui les nouvelles générations qui jouent ce rôle.

Féminin et masculin, un équilibre encore à trouver

Ce qui a modifié la donne pour les générations, c'est la place occupée par les femmes, arrivées sur le marché du travail à la fin des années 1960 à la faveur de changements économiques et sociaux sans précédent.

La perte de vitesse des secteurs primaire et secondaire tout au long du XXe siècle au profit du secteur tertiaire constitue le premier changement notable. Le développement du secteur des services a en effet créé une demande pour une main-d'œuvre où la force physique n'était plus requise, créant ainsi une situation d'embauche favorable pour les femmes. Second changement notable en leur faveur : l'invention de la « pilule », la méthode de contrôle des naissances la plus efficace à ce jour. Dotées désormais du pouvoir de limiter le nombre d'enfants et donc le temps consacré à la famille, les femmes ont pu investir le marché du travail et même planifier les périodes de maternité. Selon l'Institut de la statistique du Québec, en 2016, l'âge moyen à la naissance du premier enfant se situait à 29 ans, soit 4 ans plus tard en moyenne qu'en 1975. Enfin, troisième changement d'importance : la démocratisation de l'enseignement. Si les Québécoises étaient minoritaires dans tous les cycles d'études universitaires en 1976, 10 ans plus tard, elles avaient atteint la parité avec les hommes. En 1996, au baccalauréat et à la maîtrise, elles surpassaient les hommes, et l'écart a continué de se creuser. En 2012, par exemple, 32 % d'entre elles détenaient un diplôme universitaire contre 27 % des hommes. Ainsi, les Québécoises de 25 à 64 ans sont, depuis le tournant de l'an 2000, proportionnellement plus nombreuses que les hommes à avoir fait des études universitaires, indique l'Institut de la statistique du Québec.

L'arrivée des femmes a modifié progressivement et positivement l'environnement de travail pour les générations suivantes. Sur le plan des valeurs, la présence des femmes accentue la tendance à l'horizontalité plutôt qu'à la verticalité, celles-ci étant plus enclines à déléguer et à partager. Au contraire des hommes, elles ne cherchent pas impérativement à s'approprier les places et à se distinguer par les honneurs, et privilégient davantage la reconnaissance individuelle. Les entreprises ont dû s'adapter aux périodes de maternité et aux réalités de la vie familiale en offrant des horaires de travail plus flexibles, un emploi à temps partiel ou partagé et le télétravail. Certaines organisations ont même mis sur pied un service de garderie. Avec les femmes, une approche plus horizontale, plus émotive, et des valeurs différentes au travail se sont graduellement imposées : la conciliation, la discussion et l'écoute des besoins sont maintenant monnaie courante dans les entreprises. Le tableau 6 fait état de cette évolution. Les valeurs masculines, de nature verticale, côtoient désormais les valeurs féminines, de nature horizontale. Ces dernières ont fini par prédominer au sein de l'entreprise dans les pays industrialisés.

Tableau 6 - Valeurs masculines verticales versus valeurs féminines horizontales dans l'entreprise

VALEURS MASCULINES VERTICALES	VALEURS FÉMININES HORIZONTALES
La réussite professionnelle (réussir dans la vie)	L'accomplissement global (réussir sa vie)
L'ambition	L'expression
Le temps linéaire	Le temps discontinu
La confrontation	La conciliation
L'autorité, la discipline	L'écoute active, la discussion
La matérialité soutenue	La socialisation
La performance	Le bien-être
Le statut social	La reconnaissance individuelle
L'ancienneté	L'expérience et les compétences
Le savoir-faire	Le savoir-être
La raison	Les émotions
Le jugement d'utilité	Le jugement de beauté
Valeurs matérielles	Activités de soin
Monologue	Dialogue

Un plafond de verre persistant

Cependant, il reste encore du chemin à parcourir pour les femmes des nouvelles générations, et ce, malgré leur présence massive sur le marché du travail et leur plus haut taux de diplomation universitaire.

Même s'il s'amenuise, surtout en ce qui concerne les salaires, l'écart persiste dans la rémunération. En 2016, les femmes au Québec, toutes catégories confondues, recevaient 88,6 % de la rémunération des hommes, alors que ce taux était de 86,6 % la décennie précédente, selon l'Institut de la statistique du Québec.

Un autre écart important existe également quant au pouvoir. L'existence d'un « plafond de verre » ou *glass ceiling*, une expression d'origine américaine apparue à la fin des années 1970, résume l'ensemble des difficultés vécues par les femmes souhaitant atteindre les plus hauts postes dans la hiérarchie des grandes entreprises. Aujourd'hui encore au Canada, il demeure difficile pour les femmes d'accéder aux postes de direction et aux conseils d'administration des entreprises privées, donc au pouvoir. Selon un rapport du cabinet d'avocats Osler, Hoskins & Harcourt LLP, seuls 13 % des sièges de conseils d'administration des grandes entreprises canadiennes inscrites à la Bourse de Toronto étaient occupés par des femmes en juillet 2016, comparativement à 12,1 % en 2015. Le pourcentage de femmes occupant des postes au sein de la haute direction demeurait toutefois stable à 15 %. En Europe, l'écart s'amenuise. Entre 2011 et 2015, le pourcentage de femmes dans les conseils d'administration des entreprises européennes a presque doublé, passant de 13,9 % à 25 % en moyenne, indique une enquête publiée en 2016 et réalisée par le réseau European Women on Boards (EWoB) auprès de 600 entreprises inscrites en Bourse (STOXX 600) de 12 pays du continent. Cependant, selon les pays et les secteurs d'activité, l'enquête révèle de fortes disparités.

Certes, les femmes doivent elles-mêmes persister et ne pas renoncer à accéder au pouvoir, chose avec laquelle elles ne sont pas toutes à l'aise encore. Mais l'État et les entreprises privées, qui ont commencé à se préoccuper de cette question et à mettre en place des mesures – avec l'imposition de quotas dans les conseils d'administration des entreprises publiques et privées dans certains pays et provinces canadiennes –, ont vraisemblablement encore du travail à accomplir.

Et les hommes dans tout cela, me direz-vous ? Il y a lieu, en effet, de s'interroger. D'un côté, nous sommes enclins à demander aux hommes une présence plus assidue dans leur rôle de père, de conjoint… et de l'autre, nous laissons les femmes jouer tous les rôles (à la maison, au travail, dans l'organisation de l'emploi du temps et des loisirs). Prenons, par exemple, l'éducation des enfants. À quoi peut bien servir la conciliation travail-famille s'il n'y a pas un équilibre dans les rôles de chacun ? Comment concevoir l'arrivée d'un enfant, sachant qu'un seul parent en prendra finalement la charge ? Comment être au travail pour une durée de 35-40 heures/semaine si les rôles de chacun ne sont pas partagés équitablement ? Telles sont les importantes questions auxquelles font face les générations au travail.

L'ÉCOLE, LIEU DE TOUTES LES ATTENTES

Impose ta chance. Serre ton bonheur et va vers ton risque. À te regarder, ils s'habitueront.

René Char

Aujourd'hui, l'enfant est au centre des préoccupations de toutes les générations. Grands-parents, parents et éducateurs veulent son bonheur, son épanouissement et, surtout, sa réussite, car réussir *dans* la vie et réussir *sa* vie, cela commence à l'école. Mais qu'en est-il lorsque cette réussite n'est pas au rendez-vous ou se fait attendre ? Qu'en est-il lorsque l'enfant est rejeté ou victime de harcèlement à l'école ? Ou lorsque l'ado décroche ? L'école est un lieu où l'individu peut tout autant croître que déchoir.

Ayant régulièrement l'occasion de donner des conférences dans de nombreuses commissions scolaires du Québec ainsi qu'à l'étranger, je suis plus que jamais convaincu qu'il faut récompenser l'éducation et renforcer la considération qu'on lui porte. Il ne s'agit pas seulement de dire qu'il faut être éduqué pour réussir – c'est l'évidence –, mais que la connaissance est une valeur en soi, nécessaire à l'accomplissement de l'effort comme à la cohésion de la société. Tout ce qui peut construire l'enfant, récompenser l'effort, le mérite, le savoir-vivre ensemble doit continuer à être mis en œuvre de façon systématique.

Je me permets toutefois de faire une mise en garde… L'école est devenue un milieu horizontal où tout se discute : les opinions s'organisent, le droit de parole prend le dessus. À la maison, c'est la même chose : les enfants ont des droits et peu de devoirs. Le bonheur des jeunes semble de plus en plus s'inscrire dans l'appellation du « moi d'abord ». Dans un livre percutant, Cécile Ernst, enseignante dans un lycée en banlieue parisienne, notamment en zone sensible depuis 15 années, dénonce la disparition des règles de savoir-vivre et le règne de l'individualisme dans le système public d'éducation en France qui le mettent en péril. « Il est interdit d'interdire » : une injonction qui impose le primat de l'individu sur le collectif. Ma liberté avant tout. Désormais, il y a peu de choses que la collectivité peut exiger de moi. Si les nostalgiques d'antan font rimer individualisme avec égoïsme, ils se trompent : il s'agit surtout de rejeter la marque du collectif sur nos façons d'être, sur nos choix de vie, sur notre destin (Cécile Ernst, *Bonjour Madame, merci Monsieur*, Paris, Édition JC Lattès, 2011).

Bref, c'est le triomphe du chacun pour soi... Or, l'enfant a catégoriquement besoin de limites, de contraintes et de règles pour se renforcer.

Un milieu compétitif

S'il est un lieu qui, justement, évalue les compétences et les comportements à un moment déterminant du développement de la personnalité, c'est bien l'école. Celle-ci constitue en outre un lieu de socialisation par excellence : c'est là que l'enfant construit son premier réseau d'amis et se mesure aux autres, et que d'autres adultes que ses parents s'occupent de son éducation. Tout comme le parent, l'éducateur tient un rôle de premier plan auprès de l'enfant dans la construction de son image de soi et dans l'estime qu'il se porte.

Lorsque l'enfant arrive à l'école primaire, vers 5 ou 6 ans, son estime de soi est en construction. L'enfant n'a pas atteint tout à fait la pleine conscience de soi, stade auquel il parviendra vers 8-9 ans, mais il possède déjà un bagage d'estime plus ou moins grand, selon l'héritage qu'il aura reçu à la maison. Personne ne sera surpris d'apprendre qu'un enfant qui a une bonne estime de lui-même a tendance à mieux réussir à l'école. Soutenu et encouragé par ses parents dans son développement et plus tard dans ses études, il atteint plus facilement la réussite. De plus, l'enfant trouve sans trop de mal des stratégies pour contrer les difficultés : recherche de soutien social, relative confiance en l'avenir, capacité de remise en question, confrontation active à la réalité. Le portrait est de toute évidence différent pour un enfant qui manque d'estime de soi et qui a reçu peu de soutien de ses parents. Dans ce milieu très compétitif qu'est l'école, il réagira mal aux difficultés et adoptera des attitudes moins productives : manque de confiance en soi, fatalisme, anticipations négatives.

Certes, l'école évolue un peu partout dans les pays industrialisés, et les programmes éducatifs tentent de faire en sorte de développer l'estime de soi des enfants. Moins verticale et plus horizontale, l'école met davantage l'accent sur la réussite que sur l'échec, offre la possibilité d'une pédagogie différenciée et tient compte des divers talents de chaque élève, sur lesquels l'apprentissage est centré. Mais, à l'image de la société hypermoderne, l'école reste un milieu compétitif. Pour l'année scolaire 2007-2008, à la suite de pressions parentales, le ministère de l'Éducation du Québec a décidé de réintroduire les bulletins de notes pour évaluer les progrès des élèves, au lieu des classements alphabétiques difficiles à comprendre. En un coup d'œil, la performance scolaire de l'élève peut être évaluée. Pour les parents, les notes sont essentielles et la réussite est une fin en soi, car, réussir *dans* la vie et réussir *sa* vie, cela commence à l'école. Une mission un peu lourde pour un enfant…

Cette réussite a plusieurs visages. Certains enfants se distinguent par leurs succès scolaires, d'autres par leurs exploits sportifs, et d'autres encore par leurs talents artistiques. Évidemment, la réussite amène souvent, quoique pas systématiquement, la popularité, un des fondements de l'estime de soi chez l'enfant. Réussir, être populaire, appartenir à un groupe d'amis, voilà trois aspects essentiels pour les générations Y et Z.

Exclusion et harcèlement

Que se passe-t-il alors lorsque l'enfant ou l'ado n'affiche pas une réussite étincelante, ne semble pas très populaire et a de la difficulté à se faire des amis ? Son estime de soi, probablement déjà fragilisée, vacille.

L'exclusion est probablement la chose la plus difficile à vivre pour un élève pour qui la conformité sociale est essentielle : il veut être apprécié et appartenir à un groupe. Et là, il n'y arrive pas.

Un inconnu n'arrive pas vierge dans le regard de l'autre. C'est le collectif qui construit l'image de l'autre. La civilisation est artificielle, au sens où elle demande un effort surhumain. La haine n'est franchissable que par un énorme effort du collectif. Par l'organisation d'un message – celui des parents, des enseignants, de la société – qui énonce que l'autre est « aimable » au premier sens du terme.

La cour d'école, nous avons tous tendance à l'oublier, n'est pas un jardin de roses. Les enfants sont souvent durs entre eux et se disent les choses franchement. Un enfant qui n'est pas beau, qui ne s'habille pas bien – selon les critères admis par ses pairs –, qui bafouille ou qui est trop gros, malheureusement, peut vite être stigmatisé par le groupe. Il peut aussi en être de même pour une personne qui est trop belle ou qui réussit mieux que les autres : elle s'expose à la jalousie. L'image de soi, importante au primaire et primordiale au secondaire, conduit plus d'un enfant et plus d'un ado de la jeune génération à se sous-estimer.

Attardons-nous à un phénomène qui peut être potentiellement dévastateur pour l'enfant et l'ado : le harcèlement ou l'intimidation, répandu dans nos écoles et qui s'est amplifié avec l'utilisation des téléphones intelligents et des réseaux sociaux. Selon une spécialiste de la question, 85 % à 90 % des élèves seraient victimes d'intimidation, de faible à très grande, dans les écoles québécoises. En mai 2017 au Québec, une affaire de sextage dans une école secondaire de l'Est-du-Québec a mené à l'arrestation de mineurs accusés de distribution de pornographie juvénile, de leurre informatique, d'agression sexuelle et de complot. Jusqu'où peut aller l'expression de cette pulsion vis-à-vis des autres ?

Deux nouvelles études mettent en garde contre les conséquences à long terme de l'intimidation. La première, réalisée par des chercheurs de l'université du Delaware (2016), a constaté que les enfants qui sont intimidés en cinquième année commencent souvent à souffrir de dépression ou à consommer de l'alcool ou d'autres substances de manière excessive quelques années plus tard. Des scientifiques rappellent dans le journal médical *Pediatrics* que la consommation d'alcool et de marijuana, par exemple, peut interférer avec le développement du cerveau. Le tabagisme ouvre quant à lui la porte à une multitude de problèmes de santé.

Pour sa part, la chercheuse Karen Matthews de l'université de Pittsburgh (2017) affirme que les intimidateurs sont plus susceptibles de fumer du tabac ou de la marijuana et d'être stressés ou agressifs 20 années plus tard.

Les victimes, en revanche, sont plus susceptibles d'avoir des problèmes financiers et de se sentir victimisées par les autres, en plus d'avoir moins confiance en l'avenir deux décennies après les faits.

Des études antérieures avaient associé des facteurs de risque psychosociaux comme le stress, la colère et l'hostilité à un risque accru de problèmes de santé comme les crises cardiaques, les accidents vasculaires cérébraux et l'hypertension artérielle.

L'intimidation a toujours existé dans nos écoles. Cependant, dans les années 1960-1970 par exemple, celle-ci restait limitée à des bandes d'enfants. De plus, le clan continuait de protéger et d'aider la personne victime de harcèlement. On ne la laissait pas tomber. Aujourd'hui, l'intimidation prend des proportions telles que le clan d'amis ne résiste pas à la pression et à la peur : la victime est abandonnée à son sort. Pourquoi ? Voici une hypothèse : la société hypermoderne, axée sur l'image, dicte dorénavant une conduite différente. Être vu, être reconnu importe plus que tout. Ainsi, personne ne veut être associé à la victime qui se retrouve souvent isolée, alors que les messages haineux la poursuivent nuit et jour sans répit. Nombreux sont les spectateurs au Québec et en France qui ont vu le film de Yan England, *1:54*, qui raconte l'histoire de Tim, un ado démoli par des gestes d'intimidation et des messages malveillants d'autres jeunes de son école secondaire sur Facebook et Twitter. À la suite de la fin tragique de son ami Francis, il décide d'affronter son bourreau sur la piste d'athlétisme. Le contexte réaliste du film laisse voir l'ampleur du drame qui se joue pour ce jeune homme qui craint de révéler au grand jour son homosexualité.

Si les histoires de harcèlement ne sont pas toutes aussi dramatiques, elles témoignent néanmoins de la dureté des rapports entre les ados, mais aussi de la grande fragilité des jeunes générations. Si l'école a un travail à accomplir pour sensibiliser les jeunes à la violence et leur offrir un cadre sécurisant – certains établissements vont d'ailleurs de l'avant avec des projets-pilotes –, les parents ont aussi un rôle actif à jouer auprès d'eux. Humilier, blesser pour se sentir plus fort et rehausser son image et son estime de soi n'est pas la voie à suivre. L'enseignement du respect d'autrui doit être au cœur de toute éducation transmise à l'enfant dès son plus jeune âge. L'histoire de Tim nous alerte quant à la nécessité de prévenir le harcèlement dans la vie de nos enfants.

Je décroche

Autre phénomène assez répandu au Québec : le décrochage scolaire chez les jeunes. Même si le décrochage est à la baisse en général au Québec, il demeure encore important – et même à la hausse dans certaines régions – et touche davantage les garçons que les filles. En 2015, les statistiques du MELS (ministère de l'Éducation, du Loisir et du Sport) indiquent que le taux de décrochage au niveau secondaire est passé de 20,3 % en 2007-2008 à 15,3 % en 2012-2013, une baisse de 5 % en 5 années. Au total, 18,8 % de garçons et 11,9 % de filles sont sortis du cursus général sans diplôme ni qualification. Selon une donnée de Statistique Canada datant de 2012, le Québec est la province canadienne qui détient le plus haut taux de décrochage au Canada. Quand on sait à quel point la formation est la clé d'une vie professionnelle réussie et que de nombreux emplois exigent au minimum un diplôme d'études secondaires, la situation a de quoi préoccuper.

Le portrait des élèves décrocheurs, s'il est différent pour les garçons et les filles, est assez caractéristique des individus qui ont une faible estime d'eux-mêmes. Se sentant incompétents par rapport à leurs camarades de classe quant à leurs apprentissages, certains élèves auront tendance à anticiper des résultats négatifs. Pour les éviter, ils vont s'isoler, montrer peu d'intérêt et même s'absenter des cours, tout cela dans le but de préserver ce qu'il leur reste d'estime d'eux-mêmes. Finalement, s'ils ne reçoivent pas d'aide, ils décrochent.

Encore une fois, si le décrochage est en partie l'affaire de l'école qui doit offrir toutes les ressources nécessaires pour assurer la réussite de l'élève, il appartient aussi aux parents de s'en soucier. Suivre les progrès scolaires de son enfant et de son ado ne suffit pas. Il faut plutôt adopter une attitude éducative globale dès l'enfance et tout au long de l'adolescence, attitude qui va bien au-delà de la sphère scolaire. Selon André et Lelord (*L'estime de soi,* Odile Jacob, 2007), « c'est plutôt une qualité d'éducation globale, améliorant l'estime de soi, qui est le meilleur prédicteur de réussite scolaire. Normal, pour réussir ses études sur le long terme, il n'y a pas que les compétences intellectuelles et la quantité de travail qui comptent, mais aussi la stabilité émotionnelle, la résistance aux échecs, etc., toutes choses liées à l'estime de soi. »

En se faisant les alliés de l'école et des enseignants, les parents accentuent les chances de réussite de leur enfant. Il n'est pas possible, ni même envisageable, que le personnel enseignant, souvent débordé et qui parfois décroche à son tour, soit le seul à encadrer l'élève sur le plan scolaire. Initier les enfants à la lecture à voix haute, à l'apprentissage de mots nouveaux, à la correction posturale, à la politesse à table sont autant d'exemples de contributions que les parents peuvent apporter afin d'aider leur enfant à cheminer dans son processus scolaire.

QUATRIÈME PARTIE

UN NOUVEAU REGARD

Si le regard dit oui, et si la bouche dit non, n'écoutez que le regard.

Pierre-Jules Stah

Les sociétés modernes sont à la fois versatiles et grégaires. On réagit comme tout le monde, et tout le monde change de système de valeurs en même temps. C'est une opinion commune, fantasque et légère qui pèse sur l'esprit des individus. Rien n'échappe plus à l'empire de l'éphémère. Le sérieux lui-même devient volage. L'éthique, cette chose si ancienne et si grave, tombe sous la coupe de la frivolité. La mode n'est plus à la mode.

Pourquoi ne pas dire la vérité ? L'inconfort de la vérité vaut mieux que celui du mensonge. Les nouvelles générations X, Y et Z décident donc de réagir à tout ce flou.

Et elles le font savoir. Fières d'avoir vaincu le principe hiérarchique, imbues de leur ferveur revendicatrice, ivres de leur tolérance aux différences, elles instruisent le procès pour intolérance de toutes les formes de vie et de pensée qui diffèrent des leurs. Coincées par des secrets de famille qui se sont perpétués de génération en génération, elles dénouent laborieusement et individuellement les nœuds qui les lient pour accéder à leur vérité.

À travers le besoin de cultiver le narcissisme de la différence, de réagir à la standardisation galopante, les nouvelles générations recherchent une identité visible. La tendance se veut légère, lumineuse. C'est le retour de la fête. C'est l'espoir qui revient. Les Y, tout particulièrement, adoptent une forme de snobisme bien à eux, et qui veut l'adopter doit en connaître les mots clefs.

Les générations précédentes ont tenté de sertir le monde dans des cadres fermes et rassurants. Aujourd'hui, la génération silencieuse ne se reconnaît plus dans cet univers horizontal. Quant à la génération des babyboomers, elle refuse de vieillir, s'attarde dans une adolescence malsaine, incapable d'accepter sa finitude mortelle, et se met en retrait pour laisser enfin ses successeurs prendre les choses en main. Va-t-elle accepter de tendre la main aux autres générations ou va-t-elle se replier dans son passé glorieux ?

AUX NOUVELLES GÉNÉRATIONS

Une génération qui ignore l'histoire n'a pas de passé – ni de futur.

Robert A. Heinlein

Pour le moment, ne sachant rien du regard que l'avenir jettera un jour sur leur jeunesse passée, les nouvelles générations défendent leurs convictions avec beaucoup plus d'âpreté qu'un homme âgé ne défend les siennes, car il a déjà fait l'expérience de la fragilité des certitudes humaines. C'est là toute la richesse de la génération silencieuse qui devrait inspirer les plus jeunes. Mais comment faire entendre quand personne n'écoute ?

La génération X accède enfin aux commandes qui lui échappaient et occupe désormais une place de choix au sommet. Un dur combat qui a laissé des séquelles et lui fait tant redouter les solidarités possibles. Pour elle, la précarité et l'éphémère sont deux réalités qui ne quittent jamais son esprit, alors que les Y tentent déjà de lui ravir ce qu'elle vient chèrement de conquérir. Pourtant, leur combat pour la liberté et leur désir d'horizontalité sont les mêmes, mais leur histoire est différente. Il reste encore chez les X l'ombre d'une jeunesse compromise et la rancœur d'avoir été laissés pour compte, largués en un sens par les générations qui les ont précédés. Mais le pouvoir d'adaptation de la génération X, associé à sa grande polyvalence, deux dimensions essentielles dans un monde liquide, pourraient encore nous surprendre, si tant est qu'elle puisse reconnaître ces richesses en elle et qu'elle consente à les partager avec les autres générations.

Par sa curiosité et son originalité, la génération Y est en mesure d'établir une vie fourmillante. Narcissique, peut-être. Un tantinet cabotine, sans doute. Mais quel talent ! On sait ce qu'elle n'aime pas et ce qu'elle dénonce. Oratrice hors pair, cultivant tous les paradoxes et n'appartenant à aucun clan, ses échanges sont souvent durs et donnent lieu à des empoignades enrichissantes, authentiques et souvent déstabilisantes.

Adulée, jalousée, critiquée, la génération Y a avant tout su donner le ton en dédramatisant les propos de parents affolés, en verbalisant son mécontentement par ses revendications. Elle s'active en faisant face à des parents qui ne la regardent pas. Préoccupée par la construction du soi, cette génération est rebelle, partagée entre la colère de ce qu'elle subit et l'espoir d'une existence libre.

Qu'en sera-t-il pour les Z ? Encore dans leur prime jeunesse, ils ont l'immense avantage de pouvoir naviguer entre deux univers, fusionnant le réel et le numérique de manière tout à fait naturelle, parfois aussi à leur détriment, car ils n'en connaissent pas les limites et se rendent ainsi vulnérables. Nous avons cru à tort qu'ils ne sauraient pas s'ancrer dans la réalité, mais cela est faux : leur réalité est différente de la nôtre, point. Bien sûr, certains repères demeurent les mêmes que pour les générations précédentes – la bande d'amis, l'école, la musique, le sport –, mais leur quotidien est désormais façonné par leur vie numérique, où ils alimentent leurs désirs, leurs besoins, leurs fantasmes.

Déjà, ils font preuve d'un réalisme déroutant. Marqués à jamais par le terrorisme et les vastes mouvements de population fuyant la guerre, la pauvreté et la famine – rappelons qu'entre 2011 et 2016, le Canada a accueilli chaque année 260 000 immigrants, un nombre qui d'ailleurs serait insuffisant pour combler le déficit démographique actuel (qui devrait passer à plus de 450 000 par année au Canada dès 2021) –, les Z savent qu'ils habitent sur une planète où tout peut basculer, où le mélange des populations s'accentuera et où la lutte des places sera mondiale. Sous des dehors décontractés, les Z connaissent toutes ces choses, ce qui les rend fragiles, même s'ils savent qu'ils peuvent s'appuyer sur de nombreux tuteurs – parents, grands-parents, enseignants, éducateurs, mentors – qui ne les comprennent pas toujours. Mais de cela ils se moquent et personne ne le leur reprochera.

Pour les nouvelles générations, à l'exclusion de la génération Alpha dont l'arrivée dans la sphère publique aura lieu dans quelques années, l'avenir est difficile, car chacun a l'obligation de choisir un avenir collectif. En principe, il est toujours possible d'abandonner sur le bord du chemin ceux qui ne peuvent pas suivre la marche en avant, mais l'esprit du temps le refuse. Une exigence de solidarité est inscrite dans la manière même d'être au monde. D'où l'obligation réciproque universelle : tous les humains doivent aider tous les humains.

Quels « points d'ancrage » pour les nouvelles générations ? Je suis convaincu qu'il leur reste en mémoire certaines phrases qu'on a prononcées au détour d'une conversation et qui sont passées presque inaperçues sur l'instant. Même si on n'y pense plus, si d'autres pensées les submergent et si le temps passe, ce sont des phrases qui ne disparaissent pas. Soudain, elles resurgissent sous une lumière différente. Elles persistent et se révèlent porteuses de sens multiples, investies d'une portée inaperçue au premier abord.

Le défi est lancé ! C'est aux nouvelles générations de recommencer, c'est-à-dire de se faire confiance dans le but de promouvoir de nouvelles approches, de nouvelles orientations, de nouvelles attitudes. Les X, les Y et les Z doivent travailler, avec indulgence, malgré le temps présent, et tendre la main aux autres générations.

La génération silencieuse et les baby-boomers ne doivent pas tomber dans les pièges suivants : se plaindre et tenir le registre de tout ce qui va mal. Il faut se mettre sur le mode de l'implication et non de l'abêtissement. Il faut s'informer sans être crédule et chercher la vérité en évitant de se fier aux apparences. Soyez attentifs à l'autre tout en questionnant vos propres certitudes. Faites-vous confiance et choisissez de faire confiance aux autres. Faire confiance, c'est choisir une hypothèse optimiste sans en connaître le dénouement.

Ne plus avoir peur

Nouvelles générations, n'ayez plus peur ! On vous terrorisait en vous confrontant à des termes inconnus, sans vous donner les clés pour les comprendre. On vous mettait en contact avec l'inépuisable nouveauté de ce qui est plus ancien que vous. On vous sommait d'honorer la réussite, mais quelle réussite au juste ? On a tout négocié avec vous pour s'approprier du temps, à vos dépens. On a succombé à la facilité en délaissant la rigueur. On a tenté de tout banaliser, de tout accepter. On a eu recours à une foule d'opinions plutôt que de faire valoir le bon sens. On a oublié de vous dire non... N'ayez plus peur : ce cauchemar est terminé. C'est désormais à vous qu'il incombe d'homologuer vos savoirs et de répondre présent. Le rôle des aînés n'est pas de vous dresser ou de vous corriger, mais d'être dans l'action avec vous.

Sans aucune hésitation, dites aux générations précédentes: « Je ne suis pas normatif, je suis branché. Je ne prescris rien, je transcris. Et plutôt que de défendre hargneusement mon pré carré, j'accueille l'étranger à bras ouverts. Sous mes airs excentriques, il y a un cœur qui bat pour toutes les victimes de l'exclusion. Le purisme n'est pas pour moi, car je ne connais pas d'autre bon usage que l'usage, pas d'autre valeur que le mouvement, pas d'autre loi que celle de l'hospitalité, pas de réalisation ou d'engagement sans modèles, sans repères, sans orientation. Modèle, moi ? Non : reflet. La société bouge, je me lâche aussi. Le monde change, je mute et je danse avec lui. Qui on est importe peu, c'est ce qu'on est qui compte de plus en plus. Alors, s'il vous plaît, un peu d'irrespect : cessez de me confondre avec ceux de la génération des baby-boomers.

Si ceux d'hier brandissent l'expérience et l'ancienneté comme étendard de leurs compétences, je leur réponds : mes pages sont à la page et, quand j'en appelle à la revendication, ce n'est pas pour vous mortifier ou vous enchaîner au verbe, c'est, comme vous le voyez, pour donner le cachet de l'idéal à votre actualité sélective et exclusive. Mon parti, c'est la vie. Mon drapeau, c'est la différence. Mon camp, c'est celui de la jeunesse : j'ai choisi la liberté (l'innocence, la légèreté, l'insouciance) et j'ai mis les mots à l'heure des Droits de l'homme.

Les yeux rivés sur leur écran, les nouvelles générations tiennent ardemment à quitter le monde lourd de la nécessité pour celui, vertigineusement docile, de la possibilité. Et le rêve n'abolit pas l'ordre, mais le désordre existant.

Les nouvelles générations doivent réfléchir, mettre pied à terre et retrouver avec la réalité le contact perdu à force de grandes envolées ou de démagogie morale. Elles savent qu'on a tout saccagé pour améliorer la rentabilité. Comme la concurrence, tant pour le travail que pour les biens et les services, se joue sur les prix, les nouvelles générations se posent désormais la question : la qualité de la vie humaine va-t-elle baisser avec la mondialisation ?

Désormais, dans le doute, l'abstention n'est plus de mise. L'incertitude a cessé de justifier l'inaction. Il est interdit de rester les bras croisés: les nouvelles générations doivent s'engager à tenter de comprendre, de transcender la peur et à trouver le courage d'affronter leur propre destin. Pour elles, il est justifié de contester l'autorité, de subvertir les idées reçues et la vérité communément admise.

C'est de douceur que nous manquons. Mais il n'y a pas d'emploi pour la douceur sur une Terre exclusivement peuplée d'artefacts et de marchandises, où s'agite une humanité s'affairant à réparer les dommages provoqués par sa suffisance et sa rupture avec le monde sensible. C'est à vous, les nouvelles générations, de montrer que votre cœur est aux commandes, que le toucher peut prendre symboliquement la relève de la parole. Ces regards qui sont les vôtres devront dépasser la simple dénonciation. Il est urgent de se rapprocher de l'autre, de saisir les nuances, de penser et de remercier.

Si cette manifestation du nouveau regard rencontre le succès qu'elle mérite, il faudra recommencer l'aventure avec les mots *ailleurs, espérance, rire,* ou bien – car le dictionnaire du bonheur n'a jamais été aussi foisonnant – avec les mots *bouger, ensemble, joie, partage.* Une chose est sûre, ce ne sont pas l'égoïsme, l'indifférence ou la calomnie qui doivent être proposés aux nouvelles générations.

On peut voir le sens moral comme une faculté, mais, à proprement parler, c'est plutôt le point de rencontre, l'articulation entre deux facultés: la sensibilité et la raison. Le sens moral est la façon dont, au sein même de l'homme, l'être rationnel s'adresse à l'être sensible pour l'approuver ou le désapprouver, lui faire réaliser ce qu'il est.

L'ouverture à ce qui se passe est essentielle. Il faut rester sensible à la contingence de notre environnement, faire corps avec l'événement en réintroduisant dans sa dynamique de vie les composantes de l'affectivité, de l'émotion, de la créativité. Les nouvelles générations sont issues de ces trois principes, et ils sont pour elles inséparables. Les employeurs, les enseignants, les parents, tout comme les générations précédentes, devront continuellement comprendre leurs propos en fonction de ces caractéristiques.

L'errance des nouvelles générations ne vient pas d'elles ; la vanité ne vient pas d'elles ; la méchanceté ne vient pas d'elles. Dès qu'on ne gouverne plus ses pensées, l'errance est inévitable, elle est induite par les mots. Il n'est pas besoin de vouloir pour être triste, et ainsi se chercher des ennemis ou trouver des coupables. Il n'est pas besoin de vouloir pour se glorifier d'un éloge (tu peux atteindre n'importe quel but, si tu es prêt à ignorer à qui en revient le mérite) ou s'irriter d'un blâme. Toutes les fautes viennent de tomber. S'en remettre à des opinions pour clarifier le moindre obstacle, c'est céder à la facilité et chercher refuge dans la complaisance. C'est alors qu'on prend le mauvais chemin qui consiste à vouloir être comme les autres. On suit une opinion comme une mode. On se dresse à juger comme le voisin. À mesure qu'on veut réduire le monde à un spectacle, la réalité se retire et la pensée nous échappe.

Il faudrait oser beaucoup, mais sans prétention, ce qui est difficile car la modestie ne commande rien. Ce qui permet de gagner la partie, c'est le courage, la vigilance, la dignité, toutes les formes que prend la volonté d'aller toujours plus loin au-delà du désir paresseux. Il en va de la politesse comme des autres valeurs : une fois usée, il faut la réévaluer.

En somme, les nouvelles générations doivent faire une vérité de leur propre erreur, une indignation de leur colère et une générosité de leur ambition. L'exigence de porter un nouveau regard sur soi : cela signifie d'abord sortir de soi, se réjouir et s'étonner d'être si différent, se regarder agir, sentir son corps et suivre les états successifs de ses pensées. Bref, se quitter un peu, se retrouver, se reprendre dans une conscience réflexive qui est aussi une conscience vagabonde, une sorte de rêverie, de jeu d'associations, d'entre-deux, entre la rive des sens et celle de la raison. Et puis, sortir de chez soi : filer vers l'horizon, découvrir d'autres contrées, abandonner le confort rassurant des habitudes, car cela permet de déshabituer ses idées, de déplier des questions enfouies sous des convictions illusoires.

Regarder, c'est douter

Les nouvelles générations ne croient pas tellement à ce qu'elles voient. J'irais même jusqu'à dire qu'elles n'y croient pas du tout et que cette incrédulité suppose de regarder, car regarder, c'est douter. J'entends ici « qui doute en action », c'est-à-dire qui explore. Voyez comme la jeunesse voudrait faire le tour du monde, toucher et palper ce qu'elle voit, comment elle change de poste d'observation autant qu'elle le peut afin de diversifier les perspectives.

Penser, réduire l'erreur, calmer les passions, c'est justement vouloir vaincre ce qui nous aveugle. Il y a plus d'un piège. Les nouvelles générations qui ont reçu ces idées matérialistes créées avant leur arrivée sont souvent écrasées sous le poids de celles-ci.

Il faut agir et non subir, apprendre à apprendre. C'est un vrai plaisir que d'être curieux et ce plaisir augmente au fil des rencontres. Et il faut aussi apprendre à être heureux.

Ce que veulent les aînés, ce n'est pas tant la connaissance que la certitude et l'inverse est vrai pour les nouvelles générations. Le talent ne fait qu'indiquer la profondeur du caractère. Il ne suffit pas d'être bon joueur, il faut être beau joueur.

Nous nous trompons lourdement si nous n'invitons pas les nouvelles générations à lutter contre l'indifférence. Si nous ne leur proposons que le travail, nous serons perdants à la longue. On devient vite un piètre travailleur quand on fait du travail un absolu. Il ne faut surtout pas substituer la motivation à l'inspiration. Pour la génération silencieuse et les baby-boomers, le travail et la famille correspondaient aux standards de la belle vie. Aujourd'hui, ils ne sont plus les seuls à goûter ce bonheur. Les individus constituant les nouvelles générations tiennent ardemment à donner un sens à leur vie par l'initiative de réalisations et de nouveaux projets. Tout se bouscule dans leur tête, leur âme, leur conscience aussi... par la musique, les voyages, par cette envie de repartir à zéro pour une nouvelle aventure, par ce besoin de mettre le corps à l'épreuve en courant un marathon ou encore, d'aller jusqu'au bout de leurs rêves.

Le mot *nécessaire* a un sens abstrait qui pourrait nous échapper, mais pas son sens usuel. Par exemple, prenons les ordinateurs et les téléphones intelligents. Ces appareils ont pour but de faciliter notre travail et nos vies en plus de rendre tout plus rapide et instantané. Cette vitesse nous mine et nous aveugle. Le bruit constant de ces objets est effrayant. Est-il indispensable d'être partout en même temps, de brûler d'envie de répondre à tous les textos, à toutes les sonneries, à tous ces marchands désireux de vendre quelque chose ? Avons-nous si peur d'être oublié et d'être rejeté ? Pourquoi donnons-nous une telle emprise à ces appareils sur nos vie ?

Nous savons très bien ce que nous avons décidé d'acheter, mais nous ne comprenons pas le mécanisme par lequel nous avons nous-mêmes contribué, par consentement ou simplement par défaut de résistance, à défigurer au fil des ans nos environnements. Il est essentiel de saisir la contradiction qui existe entre le consommateur et le citoyen pour comprendre les difficultés qu'éprouvent aujourd'hui ceux qui veulent reconstruire un mouvement critique efficace contre les dérives de la « modernité compulsive ». C'est à vous de refuser d'acheter une marque dont vous savez qu'elle est une source d'exploitation de la main-d'œuvre, de licenciements ou de pollution de l'environnement. À vous de chercher autre chose que l'acte de consommation « pure » et de rester plutôt attentif à vos besoins réels. Votre quête d'identité ne passera pas par une marque. La consommation occulte et recouvre si bien toute autre appréhension de la réalité que le simple bonjour de quelqu'un passe inaperçu. C'est aux nouvelles générations qu'il revient de réagir activement contre les mécanismes produisant des effets pervers.

Dans *Le principe responsabilité* (Cerf, 1990), Hans Jonas écrit que « le naturel a été englouti par la sphère de l'artificiel ». Les nouvelles générations sont donc devant ce paradoxe : plus il y a de manipulation, plus il y a de chaos. Le dérèglement croît avec le contrôle, et l'incertitude avec la rationalisation.

Par définition, le consommateur ne connaît pas, le plus souvent, les conséquences collectives de ses actes. Lorsqu'il en est conscient, il n'a pas nécessairement envie de modifier ses comportements, puisqu'il sait que son action personnelle n'aura qu'un effet marginal sur le résultat global. Et s'il est prêt à modifier son comportement, il n'a pas la possibilité de faire surgir l'« offre alternative » qui serait susceptible de le satisfaire, à la fois comme consommateur et comme citoyen. En conséquence, une société se construisant sur une telle réaction des consommateurs est de moins en moins capable de se poser la question des finalités collectives.

Il en résulte une inquiétude perpétuelle, devant laquelle deux attitudes opposées se font jour : d'un côté, essayer d'éteindre en soi les désirs ou le moi qu'ils tenaillent ; de l'autre, s'efforcer de combler ces désirs. L'Occident a manifestement opté pour la seconde attitude qui se résume ainsi : J'ai le besoin de combler mes désirs. Et la science moderne, depuis qu'elle a commencé à révolutionner les possibilités techniques, apporte un concours actif et permanent à cette entreprise. La pratique scientifique, à sa manière, suspend le conflit entre la pulsion et les interdits dictés par le « surmoi » social en dissolvant le champ de bataille.

Cela étant, divers indices laissent penser que les structures psychologiques qui justifiaient ces analyses sont, à l'heure actuelle, en passe de se transformer. La pathologie psychique la plus répandue, et de loin, est la dépression, qui correspond non pas à un déchirement entre pulsions et interdits, culpabilité et frustration, mais, après l'affaiblissement des interdits et la nouvelle injonction sociale d'« être soi-même », de « saisir les occasions », de « se réaliser », de « s'éclater », au découragement qui saisit le sujet quand l'objectif n'est pas atteint, à la misère intérieure engendrée par le sentiment de ne pas être à la hauteur.

Contre ce type de découragement, la science propose des comprimés. La pratique scientifique, elle, n'apporte aucun soulagement au dépressif, ne serait-ce que parce qu'elle requiert une énergie dont il n'est plus capable.

Les nouvelles générations subissent des forces qui les dépassent et dont elles surestiment le mystère. Mais ce qu'elles subissent, elles le dominent à leur façon, en s'en donnant une explication. Elles tentent de satisfaire de multiples exigences, à commencer par celles des apparences du bon sens. Elles saisissent de plus en plus que l'orientation qu'elles doivent prendre n'est pas univoque.

Pour les générations précédentes, telles la génération silencieuse et les baby-boomers, la permanence était attestée par la répétition; pour les nouvelles générations, elle s'éprouve par le mouvement. Cette jeunesse bouge, elle pratique l'imprudence, elle ordonne, elle récapitule, elle revendique, elle transforme les concepts, voire les orientations, en se lançant sur des pistes encore inexplorées. Là où il n'y avait qu'extorsion exercée aux dépens des êtres, les nouvelles générations s'en remettent à la transformation des choses. Elles réagissent à l'existence des systèmes qui engourdissent l'intelligence. De plus en plus, elle ne se satisfait pas de voir les choses sous un angle unique – celui qu'on voudrait lui imposer, propre à la verticalité. Le nouveau regard qu'elle porte sur les choses, issu d'un monde horizontal, les transforme en les plaçant dans une perspective inédite. Un regard sans cesse en mouvement, qui doute de ce qu'il voit pour mieux regarder, interroge les questions pour mieux saisir les enjeux qu'elles dissimulent. En quelque sorte, c'est un défi éthique lancé à un monde qui oublie les conditions de son épanouissement.

Le passé amène le présent et conduit au futur. La convergence est issue du rapprochement des idées, des rencontres, des échanges, des incertitudes, des conflits... Préserver seulement les idées du présent sans tenir compte de celles du passé est voué à un choc générationnel. Les nouvelles générations qui valorisent sans discernement le présent doivent aussi tenir compte du fait que leurs gestes, leurs choix, leurs certitudes, leurs refus, leurs croyances auront des répercussions inévitables sur le futur.

La convergence, c'est une attitude, et nous sommes toujours deux pour tenter d'y parvenir... Ça se passe à chaque moment de la journée, tout près de nous, dans l'espace du travail, à la maison, en voiture, dans le métro, au supermarché, dans la rue... Attachez une attention vigilante à soigner vos manières (bienveillance, courtoisie). La vie, c'est d'abord et avant tout une communauté. Rien n'est fait proprement si nous oublions le bonjour adressé à autrui. Rien n'est fait poliment si nous oublions de dire : « Puis-je vous apporter mon soutien ? » Rien n'est fait gentiment si nous oublions de dire : « N'hésitez pas au besoin ! »

AUX GÉNÉRATIONS AÎNÉES

N'être plus écouté: c'est cela qui est terrible lorsqu'on est vieux.

Albert Camus

L'apport de la génération silencieuse reste et restera majeur tant sur le plan des valeurs (engagement, loyauté, sacrifice, devoir) que sur celui de la durée, de la continuité, de la retenue, du respect. Une génération qui continue de nous dire sans détour l'importance d'apprendre à se contenter, à méditer longuement sur nos caprices, sur nos impatiences à vouloir tout recevoir, tout obtenir sans délais. Elle met en exergue la perte du temps long au profit de l'obsession du court terme. Les appréciations ne peuvent pas être seulement à court terme, elles doivent aussi se construire dans le temps. La convergence se retrouve dans le rapprochement de nos idéaux intergénérationnels.

La génération des baby-boomers a contribué, par ses revendications au travail et auprès des instances gouvernementales, à revoir la durée du travail, la permanence, les salaires, les vacances, l'accessibilité de l'éducation. Des facteurs inestimables pour l'amélioration des conditions et de la qualité de vie dont bénéficient aujourd'hui les nouvelles générations. Ne pas en tenir compte serait dommage. Les représentants de cette génération ont ouvert le chemin et surmonté des obstacles pour y parvenir. Les nouvelles générations doivent faire preuve de reconnaissance.

Cela dit, je ne peux garder sous silence les errances financières, pour ne pas dire les extravagances, des représentants de la génération des baby-boomers dont, malheureusement, les nouvelles générations font les frais aujourd'hui.

Les aînés ont connu la honte, le manque, la souffrance, la douleur… Les nouvelles générations issues du monde occidental, sauf exceptions, n'ont pas ou ont peu connu ces fractures. Le sociologue et philosophe Didier Eribon, qui a signé *Retour à Reims* (Fayard, 2009), écrit: «La honte du milieu d'où l'on vient ne nous quitte jamais.» Les aînés ont dû se redresser pour faire face, pour affronter une forme de désespoir. Sans eux, nous ne pourrions aujourd'hui bénéficier de tant d'améliorations qu'ils ont contribué à bâtir. Ils ont traversé, assumé les tragédies, mais aussi les promesses du XXe siècle. Le choc fut brutal avec l'arrivée du siècle suivant. L'éloignement de l'autre par le truchement des technologies est considérable, particulièrement pour la génération silencieuse mais aussi, dans une moindre mesure, pour les baby-boomers.

Autrefois, un quartier tout entier était prêt à rendre service à quiconque dans le besoin. Aujourd'hui, un bonjour de la main n'est pas assuré d'un retour. Autrefois, l'oreille a servi à entendre le message. Aujourd'hui, l'oreille ne peut plus supporter le commentaire et elle ne tient plus à entendre le message… Et que dire du silence ou tout simplement d'une conversation à la table, si elle existe encore: on y ajoute des appareils, du bruit, pour nous fermer à l'autre. On ne sait plus ce qui s'est passé! Nos objets occupent une place si considérable que nous n'arrivons plus à distinguer ce qui est utile de ce qui est nécessaire, et à quelle fin, et pour quel(s) bénéfice(s). L'avènement de ce qui est flou occupe l'esprit de la plupart des êtres humains que nous sommes devenus. «Si ce n'est pas sur un écran, ça ne compte pas!

La vieillesse, ce n'est pas d'être dépossédé de son avenir, c'est d'avoir été dépossédé de son passé.

CONCEVOIR LE TRAVAIL AUTREMENT

La meilleure façon d'atteindre ses objectifs, c'est d'aider ceux dont on a besoin à atteindre les leurs.

Hannah Arendt

Aujourd'hui, que peut contempler un être humain de son travail ? La plupart du temps, rien. Ou presque rien. Sauf exception, il n'aura fait de ses mains aucun objet en son entier. Dans les pays développés – sauf exception, répétons-le –, il n'aura fabriqué aucun objet – ni totalement, ni manuellement, ni mécaniquement –, 80 % des emplois étant consacrés aux services. Il aura donc fait, pour une durée déterminée, des activités dont il ne saisit pas toujours le sens et qui souvent l'ennuient. Mais ce n'est pas l'ennui qui est le problème crucial. En fait, l'être humain, faute de pouvoir se rencontrer au-dehors dans les produits de son travail, se trouve comme exclu de lui-même.

Le travail occupe à lui seul plus du tiers de l'existence humaine. La satisfaction dans ce domaine est donc capitale. La vie étant de plus en plus horizontale, le travail l'est également. Toutes les valeurs verticales sont actuellement remises en cause, au nom d'un individualisme parfois étroit proclamant que le travail doit satisfaire les aspirations de chacun. Le problème de l'identité hypermoderne consiste essentiellement à éviter les fixations et à laisser les options ouvertes.

Les employés ne veulent pas renoncer à la possibilité de se construire une identité. En revanche, ils souhaitent de la part de l'employeur des normes, des balises, pour se construire. Ainsi, des mots comme *dialoguer, négocier, partager, faciliter* s'activent dans leur esprit alors qu'ils étaient absents chez les générations dites verticales. Être soumis, non ; être entendu, oui. Les générations changent. Pas un seul travailleur n'a l'intention d'attendre 10, 15 ou 25 années avant de recevoir de la part de son employeur une reconnaissance... La reconnaissance, premier levier d'action dans les organisations. La question aujourd'hui n'est plus celle de s'identifier à un groupe, mais plutôt celle-ci : que m'arrive-t-il à moi dans le travail ? Ce moi revendicateur, toujours en demande, en évolution. Le « moi d'abord »...

Les nouvelles générations sont accros à bien des choses : le divertissement, le loisir, le temps libre, le moment présent, l'aventure... N'oublions surtout pas qu'elles ne sont pas accros aux règles, aux contraintes, à la rigueur, à l'ordonnance. Pour susciter leur adhésion, les gestionnaires doivent être convaincants dans leur style, leur charisme, leur leadership (créer du sens, de l'énergie, de l'appartenance) et leur montrer l'importance de la participation de tous les employés. Patienter ? Jamais ! Pour elles, patienter n'est pas un verbe, mais un ordre, un rappel à l'ordre, une politesse cachée qui permet tous les abus. Elles ont en aversion ce type d'attitude.

Par ailleurs, les nouvelles générations se fatiguent, s'impatientent davantage que les précédentes parce qu'elles vivent dans le court terme et la recherche des plaisirs immédiats. Elles affirment qu'il y a une différence entre avoir ou non la capacité de faire une chose et en avoir ou non la possibilité, et les deux ne sont manifestement pas interchangeables. Pour elles, il s'agit avant tout d'en avoir la possibilité. Bref, elles ne se leurrent pas.

Autrefois, la souffrance était liée au corps ; aujourd'hui, elle est liée à l'attente de recevoir : l'attente qu'il se passe quelque chose d'authentique, d'humanisant, de gratifiant. « Bonjour, comment allez-vous ? »... ne sert plus à rien ou si peu. La reconnaissance actuelle est plutôt dans l'acclamation et la reconnaissance : « Alexandre, nous avons besoin de toi dans l'équipe » ; « Chanel, merci d'être là, ta contribution apporte une grande fierté à l'organisation. » À peine deux mois se sont écoulés que déjà il faut faire un premier bilan : « Maya, est-ce que ton travail te plaît ?... N'hésite pas à nous demander des précisions et à formuler tes demandes au sein de l'organisation. » Un prénom, une phrase, un verbe... il faut en dire un peu plus maintenant. La reconnaissance se vit plus dans l'émotion que dans la matérialité. Plusieurs parmi les Y se considèrent comme des stars, ou s'identifient à un monde de célébrités. Certains affirment même sans prétention que leur employeur a de la chance de les avoir au sein de leur équipe. Pour les Z, il faut offrir un encadrement fondé sur le *coaching*... Pas de coercition, pas de réprimande donc, mais une formation de base qui s'appuie sur des conseils et des encouragements.

On désire obtenir des salariés qu'ils adhèrent aux objectifs de l'entreprise, à l'obligation de résultats, au management par projet, au travail en équipe et à la satisfaction du client. Ce temps est révolu. Les nouvelles générations adaptent leur comportement à ce qui est possible et non plus à un idéal. Il faut travailler plus pour maintenir le même niveau de vie que la génération des babyboomers, soit environ 75 heures/semaine... Le pouvoir d'achat n'est plus le même. Les X et les Y ne sont pas dupes de cette réalité, et consentent rarement à travailler autant d'heures. Ils veulent vivre aussi. Les Z feront probablement de même.

Je propose à l'employeur une démarche afin de s'assurer que l'employé soit partie prenante et pensante de l'organisation. Des leviers d'action sont indispensables. Je les ai résumés dans un grand tableau qui reste ouvert pour y ajouter, si nécessaire, d'autres aspects pertinents.

Tableau 7 - Les 7 leviers d'action au travail et dans les organisations

RECONNAISSANCE	Montrer l'exemple : motiver et mobiliser ses troupes
	Offrir de l'appui et favoriser l'engagement (inclusion)
	Donner de l'autonomie et des responsabilités à tous les échelons
	Faire preuve de souplesse : horaire, congés, etc.
	Montrer sans délai son appréciation : verbalement ou par écrit
	Dire la vérité
VALORISATION DES TALENTS	Détecter et développer les talents à l'interne : les « locaux » d'abord
	Favoriser l'apprentissage (formation continue)
	Promouvoir l'égalité des chances entre hommes et femmes
	Viser l'équité salariale
	Pratiquer le mentorat à l'interne
CLIMAT DE TRAVAIL	Être disponible et à l'écoute (gestion de proximité)
	Être ouvert à la critique et à la discussion
	Favoriser les rencontres informelles et les réunions de courte durée
	Donner l'exemple en instaurant l'enthousiasme : salutations, respect et courtoisie dans les rapports quotidiens
	Organiser des événements rassembleurs : anniversaire, arrivée d'un nouvel employé, repas collectif...
INNOVATION	Créer un espace dynamique (aire ouverte) et convivial
	Mobiliser son équipe autour d'un projet motivant
	Encourager les initiatives et les idées nouvelles
	Faire de la place aux plus jeunes
	Allouer 20 % du temps pour le développement d'un projet personnel lié à l'entreprise

CONVERGENCE GÉNÉRATIONNELLE	Favoriser l'intégration de toutes les générations à tous les échelons
	Profiter de l'apport des plus jeunes (TI) et de l'expérience des plus âgés
	Encourager la communication et le respect des différences
	Favoriser le mentorat pour créer des liens : cultures et âges différents
	Mettre sur pied des équipes multigénérationnelles
	Proposer une journée culturelle : repas, sortie, événement, etc.

CONCILIATION TRAVAIL-FAMILLE	Favoriser le travail à temps partagé et à temps partiel
	Envisager la possibilité du télétravail
	Ajuster les heures de travail : faire preuve de souplesse
	Prévoir le départ et le retour du congé parental
	Si cela est possible, offrir un service de gardiennage en cas d'urgence
	Organiser une journée « enfants au bureau »

PROJET COMMUNAUTAIRE	Déterminer les organismes locaux susceptibles d'intéresser les employés ; les consulter au besoin
	Offrir aux employés du temps rémunéré consacré au bénévolat
	Encourager les employés à participer à un tel projet
	Utiliser et valoriser les connaissances spécialisées et les talents de chacun
	Faire savoir que le bénévolat n'est pas accessoire et superflu
	Organiser une activité annuelle bénévole pour tous

La reconnaissance

Montrez l'exemple, en tout temps, dans les discours, dans les rencontres, dans les demandes. Pour favoriser l'engagement, motiver et mobiliser les troupes, offrez-leur un appui substantiel (mentors, équipements appropriés, rencontres informelles, locaux adaptés), une autonomie et des responsabilités en fonction du niveau de participation. Pour favoriser la loyauté, faites preuve de souplesse dans les horaires et les congés. Les nouvelles générations vivent difficilement l'attente : ne tardez pas à leur montrer sans délai votre appréciation (verbalement en groupe ou par écrit). Et enfin, dites-leur la vérité, seulement la vérité, toute la vérité. Comme le précise Andrew Potter dans son livre *Je suis vrai. Tomber dans le piège de l'authenticité* (Logiques, 2011) : « le besoin de reconnaissance découle du sentiment que les humains sont essentiellement des créatures sociales et que notre sens de la dignité ainsi que la confiance que nous avons en nous-mêmes dépendent de la perception que les autres ont de nous. »

Tracer les frontières entre vie privée et vie professionnelle est de plus en plus complexe. Le salarié d'aujourd'hui ne recherche pas tant un bien-être qu'un « plus-être » (être entendu, être vu, être reconnu, être connu). Il n'est plus dans une transmission solennelle du savoir, mais dans l'expérimentation, même s'il a besoin de grilles pour se situer, d'opinions comme bornes à son imaginaire. Aujourd'hui, il s'agit de négocier avec ce qui nous est donné, et le Moi se fait le vecteur de toute considération.

Valorisation des talents

Tout employeur a intérêt à renouer avec l'enthousiasme, l'humour, l'élégance de l'attitude, le face à face, autant d'aspects laissés en friche par certains. Attention, les Y et Z se méfient des « justes causes » (projets, performance, rentabilité). Il va falloir faire mieux, dire mieux, collaborer mieux...

Enfants gâtés dans leur jeunesse, enfants gâtés ils resteront dans certaines situations au travail. Personne ne sait qui changera qui, les X luttant contre les Y qui luttent eux-mêmes contre les boomers ! Les Y veulent s'imposer et s'opposer. Ils fuient à la moindre occasion les « encadreurs » qui leur disent quoi faire, comment faire. Leurs références sont les réseaux sociaux et leurs escapades autour du monde. Alors, tout est permis, tout est relatif, tout est sujet à caution, selon leurs humeurs.

Le jour viendra pour un Y où une nouvelle aventure se profilera à l'horizon : un job, une rencontre, un événement, un projet, un heureux hasard. Restez sur son écran radar. Assurez-vous toujours d'être parmi ses favoris. Détectez et développez les talents à l'interne. Favorisez l'apprentissage (formation continue) et les bonifications. Faites la promotions de l'égalité des chances entre hommes et femmes (une hiérarchie simple), de l'équité sous toutes ses formes ; ne permettez aucune disparité, les contributions de l'un comme de l'autre étant valables en toutes circonstances. Ne tardez pas à proposer à tous les employés des possibilités de vivre des expériences nouvelles au sein de l'entreprise.

Climat de travail

La plupart des travailleurs recherchent une sécurité d'emploi, mais peut-être encore davantage un climat de travail, une ambiance dans laquelle ils pourront s'épanouir. Un lieu de travail où règnent la courtoisie et le respect…

L'incivilité est si présente ; la civilité, si absente. En France, les valeurs de liberté, de fraternité, d'égalité ont été, à mon humble avis, remplacées par celles de permissivité, de facilité, du « moi d'abord » (pouvoir d'expression, principe de discussion). Il en est de même dans la plupart des pays industrialisés. Depuis trois décennies, tout bascule dans le dénigrement, l'indifférence, le chacun pour soi. Lorsqu'on laisse les sociétés favoriser les droits sur les devoirs, les conséquences sont sans précédent. Si la morale se définit par le respect d'autrui, qu'en est-il advenu ? Prendre une position morale signifie assumer sa responsabilité de l'Autre ; agir selon l'hypothèse que son bien-être est précieux. Si l'éthique persiste dans sa charte à expliquer *comment vivre*, il n'existe aucun cadre de référence partagé par tous.

L'employeur doit d'abord s'adresser à ses cadres, à ses gestionnaires, à ses managers face à ce changement gigantesque d'une société axée principalement sur l'individu et ses droits. Le mal-être l'emporte dans les médias et dans l'opinion, faisant de l'individualisme la valeur refuge. Le savoir-vivre nous interpelle tous, et il importe de nous assurer d'initier tous les salariés à cette valeur de savoir-vivre ensemble dans le respect des bonnes manières. Il faut considérer l'Autre comme un partenaire indispensable à la réussite d'un projet collectif.

Rien n'est gagné d'avance. Nous sommes conscients que de plus en plus d'individus considèrent le monde seulement comme un domaine neutre de moyens pour parvenir à leurs fins. Pour citer les propos de Charles Taylor, tirés de son livre *Les sources du moi, La formation de l'identité moderne* (Galilée, 2004) : « [...] l'individu a été arraché à une riche communauté de vie et dépend désormais d'un ensemble de relations mobiles, changeantes, révocables, qui ne sont souvent destinées qu'à des fins extrêmement précises. Nous finissons par nous rattacher les uns aux autres grâce à une collection de rôles partiels. »

Personne ne peut prédire les conséquences d'un tel état de fait. Une chose est certaine, c'est que le « contre la montre », la précarité, le court terme introduisent de nouvelles façons de faire, pour ne pas dire de plaire, de séduire. Tout ou presque n'est que partiel, tant les « droits » autorisent tous les excès. Nous sommes à même de nous demander, plus particulièrement dans les pays riches, comme citoyens, s'il n'y a pas lieu de modifier la Déclaration des droits de l'Homme pour une Déclaration des devoirs de l'Homme. Le compte à rebours est commencé. Avec l'arrivée massive des Y au sein des organisations, le langage n'est plus le même, l'approche change et de nouveaux scénarios sont nécessaires. Les Z promettent bientôt de modifier encore la donne.

Ne perdez pas espoir, agissez avec élégance. Choisissez un leadership de proximité. Être disponible et à l'écoute, encore une fois, est recommandé afin de se rapprocher de ses collaborateurs. Être ouvert à la critique et à la discussion. La priorité dans une organisation n'est pas le client, mais bel et bien le salarié. Des rencontres informelles (un ordre du jour à trois ou quatre éléments) sont suggérées de façon régulière pour une mise à jour des projets. Assurez-vous qu'elles soient de courte durée (30-60 minutes maximum). Minimisez les procédures : n'ayez pas recours à l'évaluation du personnel de manière obsessionnelle. Pourquoi ne pas organiser des événements rassembleurs ? Toutes les occasions sont bonnes pour regrouper le personnel et partager de petites victoires.

Le bonheur dans les organisations se révèle lorsque les employés trouvent un sens à leur travail, en quelques circonstances privilégiées. Ils sont heureux lorsqu'ils aiment ce qu'ils font et lorsqu'ils créent. Alors, ils ont envie de partager et de protéger les instants de bonheur des autres.

Innovation

Ne vous y trompez pas. S'il est vrai que les jeunes prennent leur revanche, comme le proclament les réseaux sociaux, ce n'est certes pas un hasard. Non, la « revanche » des générations Y et Z, qui a déjà été amorcée par la génération X, se manifeste par un besoin pressant de vivre *sa* vie. Pour l'employeur, tout se jouera dans la relation, dans la passion ainsi que dans une sincérité attachante et un enthousiasme débordant. Un spectacle exigeant, mais qui maintient un désir constant d'innovation. N'ayez donc pas peur d'innover.

Dorénavant, le plus vite devient le mieux. Dans la vie quotidienne comme au travail, l'information qu'on trouve tout de suite devient la meilleure. Non pas celle qui est vraie, ou réellement utile, mais celle qui est le plus vite obtenue. Le registre homogène (principe d'autorité, appartenance, structure, objectifs, rencontres formelles) d'hier est remplacé par les registres multiples et hétérogènes : la dépendance perpétuelle aux écrans, aux messages, aux sollicitations de toutes natures risque de modifier en profondeur les manières de penser, mais aussi de ressentir.

Les Y et les Z font toujours plusieurs choses en même temps. Cela engendre chez eux une forme nouvelle d'attention, à la fois multiple et segmentée, une sorte « d'attention partielle continue », selon l'expression de Linda Stone, ancienne cadre chez Apple et chez Microsoft. L'habitude de ces intermittences installe une forme inédite d'impatience : l'attente, la maturation, le long terme semblent appartenir de moins en moins au registre mental standard. L'attention est devenue la plus rare des ressources. Alors, il faut bouger, proposer autre chose.

Dans ce contexte, créer un espace dynamique et convivial pour amorcer une mobilisation en équipe autour d'un projet innovateur s'avère une idée gagnante. N'hésitez pas à encourager les initiatives et les idées nouvelles dans des décors variés, dans des présentations presque théâtrales, dans une ambiance tantôt zen, tantôt plus techno... surtout si les Y sont nombreux dans votre entreprise. Oser, ce n'est pas aussi farfelu que vous le pensez.

Convergence générationnelle

Certains se perdent dans cette course effrénée à la profitabilité de l'entreprise. D'autres cherchent des repères à une échelle plus humaine auprès de ceux qui les encadrent ou les côtoient.

La convergence générationnelle fait appel à toutes les catégories d'âge, à tous les niveaux d'une entreprise, à toutes les cultures. Elle est une volonté commune de partager ses idéaux. Profitons des savoir-faire et des savoir-être des plus jeunes comme des plus âgés. Le respect des différences a été signalé tout au long de cet ouvrage. Veillez à créer des liens au moyen d'activités, de séminaires, de formations qui actualisent un sentiment d'appartenance.

Une aura de convergence générationnelle et culturelle n'est pas seulement un atout pour les organisations : c'est une nécessité. Considérer l'autre comme un relais pour ajouter des connaissances nouvelles ou des visions complémentaires dans la poursuite de la réussite devrait animer tout salarié.

La tolérance envers les erreurs et les échecs des collaborateurs est aussi à considérer, mais elle ne doit toutefois pas être illimitée : on attend d'un employé qu'il acquière des compétences et un maximum d'autonomie. Il serait préférable, et de loin, qu'il puisse acquérir de l'humanité et de la culture et qu'il sache apprécier les différences.

Se glisser dans la peau de son interlocuteur, évoluer à travers le récit de l'autre et réviser certaines certitudes, voilà un défi humain à la portée de tous, en commençant par l'employeur lui-même.

Les générations se replient jalousement sur des identités fantasmées, des pensées confortables basées sur l'étroitesse de leur moi. La convergence des générations, c'est chercher à réengager l'esprit dans une aventure, à accepter que l'on ait besoin des autres, à établir des ponts entre les générations et à réévaluer ses certitudes.

Une organisation qui prône la convergence des générations crée des forces au travers des écarts, l'une se trouvant tournée activement vers l'autre, et chacune coopérant donc à un objectif commun, en cherchant à dépasser ces écarts et à les résorber. Écarts entre les âges et les perspectives ; entre les idées et les croyances ; entre les fonctions et les occupations. Car la consistance d'une organisation établie sur l'apport de diverses générations l'empêche de s'enliser dans une norme et de s'y atrophier – la portant à se renouveler.

Conciliation travail-famille

Les inquiétudes sont nombreuses à propos de la conciliation travail-famille. La vie change, le court terme qui nous percute de plein fouet nous dicte nos pensées et bien souvent nos choix. La vie moderne vacille comme le liquide dans un verre que l'on pose sur une table. Vivre l'instant, le moment présent... avec réserves. Pour citer Fabio Merlini dans *L'époque de la performance insignifiante* (Du Cerf, 2011) : « L'individu qui ne dispose que de l'actualité du présent comme régulateur de son propre système de valeurs renonce nécessairement à la fonction de la mémoire... et n'ayant d'yeux que pour l'instant, c'est-à-dire pour cette mesure réduite et fugace du temps où la passion s'allume et s'éteint. »

Vie personnelle et vie professionnelle sont intimement liées. Au début de ma carrière de conférencier, il était question du mal-être au travail ; aujourd'hui, sans l'ombre d'un doute, le mal-être se vit davantage dans notre vie personnelle. Toutes les situations de vie se vivent en mode accéléré. Dans toutes les conversations que j'ai pu entendre à titre de conférencier ou de formateur, les mêmes revendications reviennent inlassablement de la part des travailleurs : maintenir l'ouverture des options, éviter l'engagement à long terme pour ne pas hypothéquer l'avenir, plus d'espace. Il n'y a plus de durée... La génération silencieuse disait : le bonheur est dans la durée, la continuité... Autre époque, autres mœurs ! Alors, il devient impératif que l'employeur favorise le travail à temps partagé et à temps partiel. Il faut envisager la possibilité du télétravail, prévoir le départ et le retour du congé parental.

Vivre dans le monde d'aujourd'hui, ce n'est pas seulement tenir compte de la conciliation travail-famille, mais aussi de notre environnement. Même les maladies suivent les générations. Comme nous l'avons vu précédemment, autrefois les maladies étaient surtout assujetties au corps (maladies cardio-vasculaires, cancers) ; aujourd'hui, elles sont aussi liées à la santé mentale (stress, anxiété, angoisse, dépression). Le travail se fait plus avec la tête qui tourne à cent à l'heure. Et cela continue à la maison.

Nous ne sommes pas si différents au travail et à la maison. Pas d'enthousiasme dans sa vie personnelle, pas d'enthousiasme au travail non plus. Pas de vie sociale, faute de temps, dans sa vie personnelle ? Pas de vie sociale au travail, pas de bien-être possible. À l'employeur d'offrir le maximum de possibilités et de flexibilité pour que les employés puissent renouer avec l'espoir d'une vie meilleure.

Projet communautaire

Quand tu n'as rien, tu n'as besoin de rien. Quand tu as tout, tu as besoin de tout. Les progrès de la modernité ont rendu le bonheur plus difficile. On comprend des choses, mais on ne s'oblige en rien dans la pratique.

L'employeur ne doit pas hésiter à mettre de l'avant un projet communautaire. L'être curieux est celui qui prend soin du monde. S'impliquer au travail passera dorénavant par une volonté de s'engager auprès des citoyens. Autrefois, la richesse dépendait du sol ; aujourd'hui, ce qui compte, c'est la capacité d'aller vers les autres sous des formes les plus diverses, sans attendre. L'engagement citoyen, une priorité absolue… un espoir ressenti par la génération Z.

Alors, déterminez les organismes locaux susceptibles d'intéresser les employés, les collaborateurs (les consulter au besoin). Offrez-leur, si vous le pouvez, du temps rémunéré pour le bénévolat. Encouragez-les de manière créative à participer à un tel projet. Pourquoi ne pas proposer comme première initiative d'organiser une activité bénévole pour tous (annuellement) ?

Dans un monde de divertissements et de complexités sociales, l'individu mène sa vie sans se préoccuper des soutiens traditionnels (famille, voisinage, quartier). Le besoin d'effectuer des choix parmi un éventail croissant de possibilités donne lieu, par moments, à de nombreux égarements. Le projet communautaire s'inscrit dans une volonté de se rapprocher des citoyens, de renouer avec des rituels (fêtes, entraide, soutien, services) et de recréer une fierté collective. Comme le dit Christopher Lasch dans *Le moi assiégé. Essai sur l'érosion de la personnalité* (Flammarion, 2008), « la société moderne frustre la volonté de sens. L'automatisation prive les hommes d'un travail utile et les voue à l'ennui et à l'agitation. L'individu moyen aujourd'hui est comme hanté par le sentiment de l'insignifiance de la vie. »

Le sens que nous donnons à notre vie est intimement lié à celui que nous donnons à notre participation à la collectivité. Nous ne pouvons plus attendre : l'être humain est livré à lui-même, de plus en plus isolé. Un employeur soucieux de la réussite de son entreprise est aussi celui qui se préoccupe de son quartier, de sa communauté et, par conséquent, de son engagement à construire une société meilleure. La liberté se joue de plus en plus dans l'urgence, et la vitesse devient la règle. Il y a de moins en moins d'humanistes et de plus en plus d'utilitaristes. Ce sont autant de pressions sur nos vies qui nuisent à la convivialité.

Aller vers l'autre est sans contredit la seule et unique urgence à laquelle nous devons souscrire afin de triompher de l'égoïsme humain. On ressent de plus en plus une volonté de rompre avec le passé. Les représentants de la génération silencieuse nous ont appris à nous rapprocher, à être responsables de l'autre, à nous entraider. Nous devons tous jeter un regard respectueux à l'égard de ceux qui viennent du passé. Nous constatons désormais que l'effondrement de notre vie commune a entraîné l'appauvrissement de notre vie privée.

Le projet communautaire représente un levier d'action pour gagner une meilleure estime de soi au travail et rallier les générations. L'identité est devenue incertaine et problématique, non pas parce que les gens n'occupent plus des positions sociales fixes, mais parce qu'ils ne vivent plus dans un monde où existent des projets collectifs. À présent que le monde commun a disparu, nous voyons avec une clarté sans précédent à quel point nous avons besoin de lui.

CONCLUSION

Par moments, nous nous gaspillons : notre vrai désir, c'est de cesser de vivre exclusivement pour nous-mêmes.

Saul Bellows

Nous ne sommes jamais tout à fait contemporains de notre présent. L'histoire avance masquée. Elle entre en scène en portant le masque de la scène précédente, et nous ne reconnaissons plus rien à la pièce à laquelle nous assistons. Il en va nécessairement de même lorsque nous nous interrogeons sur la succession des générations depuis le début du XXe siècle et, plus particulièrement, sur le devenir des nouvelles générations.

Ce travail de questionnement a beau laisser un goût d'inachevé – mais le contraire aurait lieu de nous inquiéter –, il n'en reste pas moins essentiel pour garder les yeux ouverts sur l'émergence des possibles. Répondre à autrui, c'est déjà répondre de lui, écrivait en substance le philosophe français Emmanuel Lévinas (1906-1995). Les esquisses de réponses que nous avons apportées au sujet des générations doivent être entendues dans les deux sens du mot *répondre*.

Les nouvelles générations nous interpellent et soulèvent cette question : « Comment devenir soi dans un monde qui s'emploie à confondre les êtres et les choses, l'être et l'avoir, qui oscille entre le fait de réussir *dans* la vie et de réussir *sa* vie ? » Les obstacles à la « création » de soi en tant que sujet pensant et agissant sont légion : autoritarisme, ignorance, isolement, manque de reconnaissance, etc. Tous, nous en sommes affectés, et certains plus durement que d'autres. Simultanément, ces obstacles sont renforcés par l'éducation et les valeurs dominantes qui tendent à assigner à chacun une place bien définie et à l'intégrer dans un système social sur lequel il ne peut exercer d'influence.

Ironiquement, nous vivons à une époque qui revendique la « recherche de soi », et parfois même, comble du paradoxe, l'exige de nous. Il va sans dire qu'il y a un hiatus formidable entre ce mot d'ordre et la réalité à laquelle nous faisons face. Ce nouvel univers est certes dominé par la recherche de soi, mais il la réduit trop souvent à la recherche d'un bien-être individuel, généralement d'ordre matériel, qui se traduit par un grave appauvrissement du souci de l'autre. En cette ère du numérique, d'Internet à haut débit et de l'impatience – les outils parfois illusoires de l'ouverture à l'autre –, les nouvelles générations, particulièrement les Y et Z, veulent tout, tout de suite. Dans ce monde de l'instantanéité, on néglige la nécessité de persévérer dans la patience, dans la confiance, dans l'effort. La conscience de l'autre – et par conséquent de soi – s'érode.

Pour reprendre les propos d'Amartya Sen (prix Nobel d'économie en 1998), ce qui compte, au-delà du bien-être, c'est la liberté d'être un acteur, ce qui suppose la transparence, l'inspiration, la compassion et la capacité d'influencer ce qui nous entoure. Pour ma part, j'y ajoute la liberté d'être un auteur, c'est-à-dire de créer, d'innover, d'aller au-delà des frontières quelles qu'elles soient, et un spectateur, autrement dit, d'œuvrer en coulisses, d'observer et de reconnaître aux autres les mérites qui leur reviennent. Selon Amartya Sen, « ressentir de l'estime de soi », « paraître en public sans honte » ou « participer à la vie de sa communauté » sont autant de réalisations importantes, sans lesquelles une vie ne peut être tenue pour réussie.

En d'autres termes : « Deviens ce que tu es ! » Cette formule de Nietzsche traduit toute l'exigence de l'authenticité, mais aussi toute son ambiguïté. D'un côté, il y a le souci de la réalisation de soi, une notion si chère aux nouvelles générations, la quête de l'épanouissement ; de l'autre, il y a l'abolition de toutes les limites, le rejet de toutes les contraintes extérieures. D'un côté, la recherche inquiète de son identité ; de l'autre, le refus sceptique, indifférent ou blasé, de toute forme d'altérité ou de transcendance. D'un côté, la revendication de l'originalité et de la singularité ; de l'autre, le risque constant de l'ignorance et de l'insignifiance.

On le voit, le meilleur côtoie constamment le pire. Tous les matins il faut se souvenir qu'on rencontrera un ingrat, un envieux, un imbécile. « L'expérience m'a depuis longtemps démontré que l'imbécile n'est jamais simple, et très rarement ignorant » (Georges Bernanos). L'authenticité est décidément une notion délicate à utiliser. Comme l'écrivait le sociologue américain Daniel Bell, « la psychologie a remplacé la morale et l'anxiété a pris la place de la culpabilité ». Inutile d'insister outre mesure sur les difficultés que présente la notion d'authenticité : alors qu'elle vise la recherche de l'originalité à tout prix, elle produit souvent un conformisme aussi plat que pauvre. Chacun aspire à être soi-même, mais chacun finit par être identique aux autres. Là encore, on assiste à un phénomène d'érosion, dont témoignent entre autres les effets de la mode.

Cela signifie-t-il que la quête de l'authenticité est vouée à l'échec ? Ce serait une conclusion hâtive, à laquelle je ne saurais souscrire. « On ne comprend absolument rien à la civilisation moderne si l'on n'admet pas d'abord qu'elle est une conspiration universelle contre toute espèce de vie intérieure », écrivait Georges Bernanos dans *La France contre les robots* (1947). Les nouvelles générations n'ont peut-être pas lu ce grand écrivain français, mais elles l'ont néanmoins pris au mot et luttent clandestinement pour un idéal. Une lutte émouvante. Une lutte contre le monde qui les pourchasse en sourdine et contre lequel elles font corps et sont solidaires, parfois même sans en être totalement conscientes.

J'ai parfois le sentiment que les nouvelles générations seront les premières à ramener le juste équilibre entre la vie familiale et la vie professionnelle, à proposer d'autres solutions, ne serait-ce qu'en matière de sécurité d'emploi, à réagir au rythme effréné qui a marqué les générations précédentes, et surtout, à se faire confiance.

Chaque jour, les générations proposent des nouveautés telles qu'elles détruisent celles qui avaient vu le jour la veille. Mais l'authenticité ne passe-t-elle pas également par l'acceptation de la fragilité ? Les nouvelles générations, par leur travail de critique minutieuse, ont la capacité de déverrouiller les systèmes de certitudes. Il y a certes une différence considérable entre la capacité et la possibilité de faire quelque chose – on ne peut confondre l'un et l'autre.

Telles qu'elles se dessinent, les nouvelles générations semblent rechercher un « juste milieu », une nouvelle forme d'équilibre entre la revalorisation de l'effort et de l'autorité, d'une part, et son contrepoids, la recherche d'humanité et de tolérance, d'autre part. La révolution comportementale qui s'annonce ne sera pas complète sans l'émergence d'un nouveau sens du collectif. Le repli individuel et identitaire est un sous-produit de la société de l'opinion. Or, seule une dynamique collective peut définitivement faire renaître la société des morales.

Pour les générations, le monde ne se réduit pas à un ensemble d'objets qui leur sont destinés, mais il impose d'autres exigences. Et ces exigences, qui se rattachent à ce que nous sommes en tant qu'êtres de langage, ne se limitent pas à l'accomplissement de soi. Elles émanent du monde. Il est difficile d'être clair en ce domaine, justement parce que nous sommes pris dans le langage des résonances personnelles. Goethe soutenait que « la nature humaine sait qu'elle fait un avec le monde. L'humanité peut être assurée que le monde extérieur répond comme un contrepoids aux sensations du monde intérieur.» Dans l'esprit d'un homme et d'une femme, l'expression de soi peut, par conséquent, être en harmonie avec l'esprit des choses, favoriser sa révélation... C'est aussi en cela que réside le sens de la responsabilité, qui permet la rencontre et l'ouverture. La responsabilité commence à la porte de chez soi. La responsabilité est présente dans chaque pas accompli avec conscience. «Il faut transformer en conscience une expérience aussi large que possible», nous enjoignait Malraux: telle est la clef que devront s'approprier l'ensemble des générations. Comme l'écrit splendidement saint Augustin: «Les gens voyagent et s'émerveillent de la hauteur des montagnes, des grandes vagues de la mer, du cours des rivières, de la vastitude des océans, du mouvement des étoiles; et ils passent à côté d'eux-mêmes et des autres sans s'émerveiller.»

Chaque partie de cet ouvrage invite à la vigilance, à une attention soutenue et surtout à ne rien tenir pour acquis. Une continuité s'impose à chacun d'entre nous d'ajouter de la rigueur à notre existence. Nous cherchons tous à nous situer dans le monde. Il ne peut s'agir d'un monde numérique composé uniquement du clavier, de la souris, de l'écran... Il faut oser l'autre, le face-à-face.

«Quel mur s'impose donc toujours entre les êtres humains et leur désir le plus intime, leur effroyable volonté de bonheur... Est-ce une nostalgie cultivée depuis l'enfance?» demande Françoise Sagan dans *Le garde du cœur* (Julliard, 1992). Rester enfant ou devenir adulte... Cette alternative cache quelque chose: une impatience du lendemain, des rêves de fondation, des curiosités ou des colères véritables, celles qui engagent. L'enfant, notre source d'inspiration; restez l'œil collé à ces trois mots: *enfant, source, inspiration.* Il faut briser l'écorce des mots, sonder leur histoire et leur évolution, car c'est une source de pistes fertiles. Pour moi, le sens premier du mot *enfant* renvoie à « exploration » ; et le mot *source,* à une merveilleuse image de la vie et de la pureté originelle, car il désigne « l'endroit où un cours d'eau prend naissance ». Enfin, le mot *inspiration*: on ne peut trouver de mot plus juste pour parler d'éducation. *Inspirare,* c'est « souffler dans », c'est « communiquer, insuffler, être en vie ».

Pour devenir adulte, l'enfant a donc besoin d'un programme qui n'est pas inné et qu'il est capable de recevoir à certaines conditions. Ce que la « nature » n'a pas donné, il appartient d'abord aux parents de le transmettre. Il s'ensuit que le premier don que doit recevoir l'enfant est celui de l'amour inconditionnel de ses parents. C'est dans les caresses, dans les yeux admiratifs et dans les étreintes que l'enfant prend conscience qu'il existe pour un autre, à qui il donne du bonheur, et donc qu'il existe bien lui-même. Vient progressivement, avec lenteur, l'inculcation de la culture. Il faut donc que l'enfant adopte, au fil de ses besoins, les règles particulières qui, dans la société où il vit, sont celles, précises, de l'échange et de la solidarité. L'enfant se trouve ainsi au centre d'un jeu complexe de rééquilibrage des influences.

Pour le dire autrement, c'est dans l'espace de l'enfance qu'on apprend à contrôler sa spontanéité et donc sa réaction au présent. L'enfance est une période moratoire. C'est l'époque où il faut prendre conscience de ses goûts et de ses capacités. C'est, en quelque sorte, un brouillon, souvent repris, de ce que sera l'âge adulte.

Ces descriptions sociologiques, même si elles sont forcément schématiques et dressent un portrait-robot qui ne correspond à aucune personne particulière, ont pourtant le mérite d'attirer l'attention sur les mutations culturelles en cours. C'est évidemment utile pour le marketing, afin de mieux cibler les consommateurs d'aujourd'hui, mais ce l'est aussi pour les milieux éducatifs. Les familles comme l'école, en prenant conscience des évolutions et des changements en cours, peuvent elles aussi réévaluer leurs attitudes et les programmes qu'elles essaient de développer.

Il convient aussi d'être vigilant : la description sociologique des caractéristiques d'une génération s'impose parfois comme un prescrit. La réalité dans laquelle sont baignés les enfants ou les jeunes d'aujourd'hui ne retire pourtant rien à la pertinence des valeurs auxquelles leurs parents et éducateurs souhaitent les ouvrir. C'est là tout le dynamisme de l'éducation, et aussi la volonté de cet ouvrage, de contribuer à éclairer le lecteur au sujet des générations.

Cet ouvrage est un appel à la solidarité agissante… Nous sommes tous des « individus de droit » appelés (comme l'a observé Ulrich Beck dans *La Société du risque* en 1986) à chercher des solutions individuelles à des problèmes engendrés socialement. En outre, il n'est absolument pas sûr que des solutions individuelles à des problèmes socialement construits existent réellement. Cornelius Castoriadis et Pierre Bourdieu l'ont répété infatigablement : s'il y a une chance de résoudre des problèmes engendrés socialement, la solution ne peut être que collective.

BIBLIOGRAPHIE SÉLECTIVE

ALLAIN, Carol. *Enfant-roi : tout, tout de suite !*, Montréal, Éditions Logiques, 2001.

ALLAIN, Carol. *Être soi dans un monde difficile*, Montréal, Éditions de l'Homme, 2005.

ARIÈS, Philippe. *L'enfant et la vie familiale sous l'Ancien Régime*, Paris, Éditions du Seuil, 1973.

ATTALI, Jacques. *Le sens des choses*, Paris, Éditions Robert Laffont, 2009.

BACHELARD, Gaston. *Figures de la publicité, figures du monde*, Paris, Éditions Denoël, 1979.

BAILLARGEON, Claude. *Modernité et liberté*, Montréal, Éditions du Boréal, 2006.

BARBER, Benjamin. *Comment le capitalisme nous infantilise*, Paris, Fayard, 2007.

BATAILLE, Georges. *La part maudite*, Paris, Éditions de Minuit, 1967.

BATAILLE, Georges. *L'expérience intérieure*, Paris, Éditions Gallimard, 1943.

BAUMAN, Zygmunt. *La société assiégée*, Paris, Éditions Le Rouergue/Chambon, 2005.

BAUMAN, Zygmunt. *L'Amour liquide. De la fragilité des liens entre les hommes*, Paris, Éditions Le Rouergue/Chambon, 2004.

BAUMAN, Zygmunt. La vie en miettes, Paris, Éditions Hachette, 2003.

BAUDRILLARD, Jean. *Le pacte de lucidité ou l'intelligence du mal*, Paris, Éditions Galilée, 2004.

BAWIN-LEGROS, Bernadette. *Génération désenchantée*, Paris, Éditions Payot, 2006.

BECK, Ulrich. *La Société du risque. Sur la voie d'une autre modernité* (1986), traduction : Paris, Éditions Aubier, 2001.

BERNANOS, Georges. *La France contre les robots*, Comité de la France libre du Brésil, 1947.

BERTRAND, Yves. *Le jardin intérieur*, Montréal, Éditions Liber, 2004.

BIZIOU, Michaël. *Shaftesbury : Le sens moral*, Paris, PUF, 2005.

BOLOGNE, Jean-Claude. *Histoire du célibat et des célibataires*, Paris, Éditions Hachette, 2007.
BOUCHARD, Serge. *Les yeux tristes de mon camion*, Montréal, Éditions Boréal, 2016.
BRIGHELLI, Jean-Paul. *La fabrique du crétin*, Paris, Jean-Claude Gasewitch Éditeur, 2005.
CHAMOISEAU, Patrick. *La matière de l'absence*, Paris, Éditions du Seuil, 1992.
CHAUVEL, Louis. *Le destin des générations*, Paris, PUF, 1998.
CHAUVEL, Louis. *La spirale du déclassement*, Paris, Éditions du Seuil, 2016.
COHEN, Daniel. *La prospérité du vice*, Paris, Éditions Albin Michel, 2009.
DALLAIRE, Yvon, *Qui sont ces couples heureux*, Paris, Livre de poche, 2007.
DANIEL, Jean. *Avec Camus: Comment résister à l'air du temps*, Paris, Éditions Gallimard, 2006.
DARMON, Jean-Charles. *Philosophies du divertissement*, Paris, Éditions Desjonquères, 2009.
DE BOTTON, Alain. *Du statut social*, Paris, Éditions Mercure de France, 2004.
DE GAULEJAC, Vincent. *Qui est « je » ?*, Paris, Éditions du Seuil, 2009.
DEBORD, Guy. *La société du spectacle*, Paris, Éditions Gallimard, 1996.
DEBRAY, Régis. *Le moment fraternité*, Paris, Éditions Gallimard, 2009.
DESCHAVANNE, Éric et Pierre-Henri TAVOILLOT. *Philosophie des âges de la vie*, Paris, Éditions Grasset et Fasquelle, 2007.
DOLAN L., Simon et André ARSENAULT, *Stress, estime de soi, santé au travail*, Québec, Éditions PUQ, 2009.
DUGAIN, Marc et Christophe LABBÉ. *L'Homme nu*, Paris, Éditions Robert Laffont, 2016.
EHRENBERG, Alain. *Le culte de la performance*, Paris, Éditions Odile Jacob, 1991.
ENTHOVEN, Raphaël. *L'endroit du décor*, Paris, Éditions Gallimard, 2009.
ERIBON, Didier. *Retour à Reims*, Paris, Éditions Fayard, 2009.

ERNST, Cécile. *Bonjour Madame, merci Monsieur*, Paris, Éditions JC Lattès, 2011.
FINKIELKRAUT, Alain. *Un cœur intelligent*, Paris, Éditions Stock/ Flammarion, 2009.
FOOT, David K. *Entre le boom et l'écho*, Montréal, Éditions du Boréal, 1996.
GAUCHET, Marcel. *La crise du libéralisme*, Paris, Éditions Gallimard, 2007.
GAUCHET, Marcel. *La révolution moderne*, Paris, Éditions Gallimard, 2007.
GAUCHET, Marcel. *Le désenchantement du monde*, Paris, Éditions Gallimard, 1985.
GIRARD, Jean-Pierre. *Le tremblé du sens*, Montréal, Éditions VLB, 2005.
GRIMALDI, Nicolas. *Les métamorphoses de l'amour*, Paris, Éditions Grasset, 2011.
GUILLEBAUD, Jean-Claude. Le commencement d'un monde, Paris, Éditions du Seuil, 2008.
GUILLEBAUD, Jean-Claude. *Le goût de l'avertir*, Paris, Éditions du Seuil, 2003.
HOCHSCHILD, R., Arlie. *Au cœur du travail émotionnel* (traduit en français), Paris, La Découverte, 2017.
JAVEAU, Claude. *Les paradoxes de la modernité*, Paris, PUF, 2007.
JEAMBAR, Denis et Jacqueline REMY. *Nos enfants nous haïront*, Paris, Éditions du Seuil, 2006.
JEFFREY, Denis, LE BRETON, David et Joseph Josy LÉVY. *Jeunesse à risque*, Québec, Presses de l'Université Laval, 2005.
JONAS, Hans. *Le Principe responsabilité : une éthique pour la civilisation technologique*, Paris, Éditions du Cerf, 1990.
JULLIEN, François. *Nourrir sa vie à l'écart du bonheur*, Paris, Éditions du Seuil, 2005.
KLEIN, Étienne. *Le facteur temps ne sonne jamais deux fois*, Paris, Éditions Flammarion, 2007.
KLEIN, Stephan. *Apprendre à être heureux*, Paris, Éditions Robert Laffont, 2005.
KUNDERA, Milan. *Le rideau*, Paris, Éditions Gallimard, 2005.
LAPIERRE, Nicole. *Pensons ailleurs*, Paris, Éditions Stock, 2004.

LASCH, Christopher. *La culture du narcissisme*, Paris, Éditions Climats, 2000.
LASCH, Christopher. *Le moi assiégé. Essai sur l'érosion de la personnalité*, Paris, Éditions Flammarion, 2008.
LIPOVETSKY, Gilles et Jean SERROY. *La culture-monde – Réponse à une société désorientée*, Paris, Éditions Odile Jacob, 2008.
LIPOVETSKY, Gilles. *Le bonheur paradoxal*, Paris, Éditions Gallimard, 2006.
MAFFESOLI, Michel. *La part du diable*, Paris, Éditions Flammarion, 2002.
MEIRIEU, Philippe et Pierre FRACKOWIAK. *L'éducation peut-elle être encore au cœur d'un projet de société ?*, Paris, Éditions de l'Aube, 2008.
MERLINI, Fabio. *L'époque de la performance insignifiante*, Paris, Éditions Du Cerf, 2011.
MICHÉA, Jean-Claude. *L'empire du moindre mal*, Paris, Éditions Climats, 2007.
MILLET, Richard. *Fatigue du sens*, Paris, Éditions Pierre-Guillaume de Roux, 2011.
MOREAU, Patrick. *Pourquoi nos enfants sortent-ils de l'école ignorants ?*, Montréal, Éditions du Boréal, 2008.
MURAY, Philippe. *Festivus Festivus*, Paris, Éditions Flammarion, 2008.
MURAY, Philippe. *Moderne contre moderne*, Paris, Les Belles Lettres, 2005.
ONFRAY, Michel. *Décadence*, Paris, Éditions Flammarion, 2017.
PAUCHANT, Thierry C. *et al. Pour un management éthique et spirituel : défis, cas, outils et questions*, Montréal, Éditions Fides-Presses des Hautes Études commerciales, 2000.
PENNAC, Daniel. *Chagrin d'école*, Paris, Éditions Gallimard, 2007.
PETRELLA, Riccardo. *Désir et humanité. Le droit de rêver*, Montréal, Éditions Écosociété, 2004.
PIOTTE, Jean-Marc. *Les grands penseurs du monde occidental*, Montréal, Éditions Fides, 1997.
POLONY, Natacha. *Nos enfants gâchés*, Paris, Éditions JC Lattès, 2005.
POSTMAN, Neil. *Il n'y a plus d'enfance*, Paris, Éditions Insep, 1983.

POTTER, Andrew. *Je suis vrai. Tomber dans le piège de l'authenticité*, Montréal, Éditions Logiques, 2011.
QUIGNARD, Pascal. *Les ombres errantes*, Paris, Éditions Grasset, 2002.
QUIGNARD, Pascal. *Les Larmes*, Paris, Éditions Grasset, 2016.
QUIGNARD, Pascal, *Critique du jugement*, Paris, Éditions Galilée, 2015.
REY, Olivier. *Une folle solitude*, Paris, Éditions du Seuil, 2006.
ROUSSEL, Louis. *L'enfance oubliée*, Paris, Éditions Odile Jacob, 2001.
ROUSTANG, François. *Il suffit d'un geste*, Paris, Éditions Odile Jacob, 2003.
SKINNER, B. F. *Science et comportement humain*, Paris, Éditions In Press, 2005.
SLOTERDIJK, Peter. *Après nous le déluge*, Paris, Éditions Payot, 2016.
SLOTERDIJK, Peter. *Le palais de cristal*, Paris, Éditions Libella, 2006.
SLOTERDIJK, Peter. *Tu dois changer ta vie*, Paris, Éditions Libella, 2011.
SMEDT, Marc de. *Éloge du bon sens*, Paris, Éditions Albin Michel, 1993.
SPONVILLE-COMTE, André. *Du corps*, Paris, PUF, 2009.
TAYLOR, Charles. *Les sources du moi. La formation de l'identité moderne*, Montréal, Éditions Boréal, 1998.
TAYLOR, Charles. *L'Âge séculier*, Montréal, Éditions Boréal, 2011.
TIROLE, Jean. *Économie du bien commun*, Paris, PUF, 2016.
TOURAINE, Alain. *Un nouveau paradigme*, Paris, Éditions Fayard, 2005.
TISSERON, Serge. *L'intimité surexposée*, Paris, Éditions Ramsey, réédition chez Hachette, 2003.
WOLTON, Dominique. *Il faut sauver la communication*, Paris, Éditions Flammarion, 2005.
ZARIFIAN, Édouard. *Le goût de vivre*, Paris, Éditions Odile Jacob, 2005.
ZIZEK, Slavoj, *Vivre la fin des temps*, Paris, Éditions Flammarion, 2011.

TABLE DES MATIÈRES

Achevé d'imprimer en août 2017
sur les presses de Marquis imprimeur.
Les typographies utilisées pour composer
ce texte sont Univers et Crimson Text.
Cet essai a été monté sur la musique de Belle & Sebastian.

ÉDITIONS
CHÂTEAU D'ENCRE